果てしなく続く医療福祉の道

川﨑祐宣の思想に学ぶ

江草安彦 監修

日本医療企画

川崎祐宣は、医療、福祉、教育の三つの事業に取り組んだ。

二年間の入院生活ののち一九九六（平成8）年六月二日に亡くなるまで、その生涯にわたって、病める人と、それを包む社会への奉仕に尽くした。

川崎祐宣の墓は、岡山市の北区、社会福祉法人旭川荘を望む小高い山に建つ。

「医療福祉のパイオニア」として拓いた道を、後継の人びとがどう発展させていくのか、その地からあたたかく見守っている。川崎祐宣の歩みは、いまも続いている。

川﨑祐宣先生

装幀　倉本修

はじめに

医師には思想が求められる。

いま、日本は世界に先例のない高齢社会にある。すでに「超高齢社会」ともいわれる。人びとは、長い人生をどう生きるのがよいか、老いや病とどう向き合えばよいのか、そしてどのように人生の最期を迎えるのがよいか。答えをそれぞれに模索している。

「生」「老」「病」「死」……。

医療や福祉に携わる人は、つまりは人びとの「暮らし」のすべてにかかわり、人びとの人生をよりよくするお手伝いをすべき存在である。

しかしながらいっぽうでは、医療の崩壊が指摘される現状がある。医療や福祉がもっぱら「業」としてのみとらえられがちな風潮もある。

このような時代にあって、医療や福祉に携わる人は、まず一人の人間としてのありようから考えてみるべきではないか。

川崎祐宣先生は「上医」であった。

川崎祐宣先生は「医師には思想が求められる」と言われた。

川崎祐宣先生はまた、社会福祉、医療福祉、教育の三分野に独創的な視点で取り組み、多大なる実績を遺された。

医療と福祉のあり方を考え、医療や福祉に携わる者がもつべき思想や哲学を体得するために、いま、川崎祐宣先生の思想と実践に触れることで得られるものは少なくないはずである。

このような思いから、川崎祐宣先生を生涯の師とし、「川崎イズムの伝道師」を自ら任じさせていただいている江草が監修の役を担って、先生の「医師として」「教育者として」「経営者として」の思想と実践を、在りし日のこまやかな言動を掬い取ってまとめたのが本書である。
本書はとりわけ、若い医師や医学生、福祉に携わる若い職員に読んでいただきたい。そして、仕事をただ職業とするのではなく、自分の生き方としていただきたい。自らのあるべき姿を自覚し、その実現に努めることによって、日々接する人びとの人生に明るい光がさすようになれば、社会的な使命を果たすことができ、自らの人生もまた高質なものとなるに違いない。

二〇一五（平成27）年三月吉日

社会福祉法人旭川荘名誉理事長
川崎医療福祉大学名誉学長　江草安彦

◈目次◈

第二章　福祉への取組み

第三章　教育への取組み

第四章　医療福祉に取り組んだ人生

【参考資料】

＊文中では敬称略とさせていただきます。

川崎祐宣略歴・年譜

一九〇四（明治37）年鹿児島県横川町生まれ。岡山医科大学を卒業後、岡山市内に外科川崎病院を開業。一九五七（昭和32）年、総合社会福祉施設「旭川荘」創設。その後、川崎医科大学、附属病院、川崎医療短期大学、川崎医療福祉大学などを開設。「医療福祉のパイオニア」として大きな足跡を残した。一九九六（平成8）年六月二日没。

一九〇四（明治37）年　二月二二日鹿児島県始良郡横川町に生まれる

一九二五（大正14）年　第七高等学校造士館卒業

一九三一（昭和6）年　岡山医科大学卒業

一九三一（昭和6）年　岡山医科大学副手嘱託　津田外科教室勤務

一九三六（昭和11）年　岡山市立市民病院外科医長に就任
一九三八（昭和13）年　岡山市富田町に外科昭和医院開設
一九三九（昭和14）年　岡山市西中山下に外科川崎病院開設
一九四九（昭和24）年　岡山市医師会長に就任
一九五〇（昭和25）年　財団法人川崎病院設立　理事長・病院長に就任
一九五四（昭和29）年　岡山県病院協会長に就任
一九五六（昭和31）年　郭沫若氏の招待を受け中華人民共和国視察
一九五七（昭和32）年　社会福祉法人旭川荘設立　理事長に就任
一九六〇（昭和35）年　総合病院川崎病院設立　川崎癌研究所開設　病院長に就任
一九六二（昭和37）年　全日本病院協会理事に就任
一九七〇（昭和45）年　学校法人川崎学園設立　理事長に就任
一九七〇（昭和45）年　川崎医科大学開学　川崎医科大学附属高等学校開校
一九七三（昭和48）年　川崎医療短期大学開学　学長に就任

一九七三（昭和48）年　川崎医科大学附属病院開院　病院長に就任
一九七四（昭和49）年　川崎リハビリテーション学院開設
一九八八（昭和63）年　学校法人川崎学園名誉理事長・学園長に就任
一九九一（平成３）年　川崎医療福祉大学開学
一九九二（平成４）年　財団法人川崎医学振興財団名誉理事長に就任
一九九六（平成８）年　六月二日永眠

第一章

医療への取組み

一九三八（昭和13）年、川崎祐宣の診療所として岡山市富田町に開院した外科昭和医院が川崎病院の第一歩である。

翌年には外科川崎病院として現在の川崎病院の東に移り、年中無休で昼夜診療を行ない市民の支持を得た。

一九四五（昭和20）年、空襲により全焼したが、翌年に再建、一九五〇（昭和25）年に認可を受け財団法人川崎病院となる。

以降、川崎病院は五期にわたる増改築を重ね、現在は二〇の診療科、ベッド数七五〇、職員八一二人という西日本屈指の総合病院に発展している。

医師は職業ではなく、生き方である。

川崎祐宣にとって、「医師」は人生そのものだった。

川崎祐宣は、一九〇四（明治37）年、鹿児島県横川町に生まれた。生家は農村地帯の素封家であった。祖父も父も村長を務めたという。

物心がつくにつれ、富裕な地主階級とそうでない人との生活格差が大きいことについて悩むようになる。

「なぜ自分は川崎家の長男というだけで、ちやほやされるのか。初めて生まれた男の子だからと、白米のごはんを食べさせてもらう。姉さんたちは麦と米の混じったものを食う。お母さんもそう。女中さんは、イモと麦の混じったものを食べる。これでいいのか。みんな同じものを食べればいいじゃないか」

その思いから川﨑祐宣は、農村の指導者となって小作人の生活が成り立つようにしたいと、農学部進学をめざすようになった。

ところが、農村で病をかかえ困っている人を目にし、「医者がいいかな」と思う。伯父に医者がいた。伯父永田安愛は、急病人がいれば夜中でも馬や自転車を駆ってかけつける。昼夜なく働き、地域医療に貢献している。医者はじつに人びとの役に立つ存在であることを実感し、大学に進むにあたって農学部志願か医学部志願かという選択のときに、医学部を選んだのだった。

京都大学医学部を受験したが、希望は叶わなかった。翌年も同様の結果。いよいよ故郷に帰らなければと下りの汽車に乗ったのだが、岡山に鹿児島出身の医者がいたので、挨拶しておこうと立ち寄った。そこで郷里の先輩津田誠次から、こう言われた。

「お前、もう一年浪人するようなことはやめて、岡山にこい」

こうして岡山医科大学に入学。このときの学友に、のちの岡山県知事三木行治がいた。三木たちと出会ったことで、社会の矛盾を青年らしい思いで受け止めていた川崎祐宣は、社会主義に関心をもつようになる。

社会主義思想から、社会医学に目覚めた川崎祐宣は、「医者は患者のための者である」「医療機関は患者のためにある」との思いを強くし、医療を通じて社会に奉仕する決意を固めたのだった。

医師であることをただ仕事とするのではなく、生き方そのものを通じて社会のために尽くすその後の人生は、こうして具体化していった。

卒業してのちも、川崎祐宣は津田誠次の世話になる。

「私の教室で二年ほど一生懸命に勉強しなさい。一人前の立派な外科医になれる基礎を仕込んであげる」

岡山医科大学で副手・助手として外科の臨床経験を積んだ川崎祐宣は、鹿児島に帰ることなく、岡山の地に文字どおり骨を埋めることになったのだった。

川崎病院で三木行治岡山県知事（右端）と（花の左が川崎祐宣）

冷えた給食が食べられるか、それを確かめるのが理事長の仕事です。

岡山を代表する実業家に大原孫三郎がいる。

大原孫三郎は、倉敷紡績（クラボウ）、倉敷絹織（現クラレ）などの社長を務め、日本の産業発展に貢献するとともに大原財閥を築き上げた。また大原社会問題研究所、労働科学研究所、大原奨農会・農業研究所、倉敷中央病院、大原美術館などの創設により社会と人間のありように大きな一石を投じた。作家城山三郎によって『わしの眼には十年先が見える』でその生涯が描かれるなどしたこともあって、偉業は広く知られるところとなっている。

「川﨑祐宣先生は、大原孫三郎に勝るとも劣らない人物ですが、大原さんほどには多くの人が知る存在ではありません」

こう語る江草安彦は、その理由として「川﨑祐宣先生は進んで交友を広げようとはされなかった」ことを挙げる。

大原孫三郎は財力に恵まれていたこともあって、多くの文化人がそのもとに集ってきた。それに比して川﨑祐宣は質素倹約を旨とし、財力で人を集めるようなことはなかった。

その質素倹約ぶりは、たとえば岡山にはマスカットやメロンが日常的にあるにもかかわらず、川﨑祐宣はそれらをむやみには食べない。

「カネを出してまでは食べない。もらったら食べる」

これが川﨑祐宣の流儀であった。

いっぽう、病院給食は必ず食べる。それも冷たくなったのを食べる。

病院給食は温かい状態で持ち込まれる。「適温給食」だ。けれど二時間も三時間も温かい状態が保たれるわけではない。患者さんがつぎつぎともって行くのに不自由がないよう、給食棚の戸はずっと開けられているせいもあって、温かいのはせいぜい一時間だ。

川崎祐宣は、その冷えた給食を食べるのである。

「できたての温かいものだったら、イワシでもサバでもおいしい。冷たくなれば味が落ちる。それでも食べられるかどうか確かめる。それが理事長のやることです」

川崎祐宣の質素倹約は、きわめて合理的な理由によるものなのである。

それは、「驕らない」姿勢にもつながっていた。

川崎祐宣は、旭川荘を訪ねてくると、きまってすぐに厨房を訪ねる。あるいは洗濯場に足を運ぶ。そうしてそこで働く人たちに、「やあ、田中さん、久しぶりじゃないか、元気かね?」と声をかける。

用意した手帳には、田中さんの家族構成まで記されており、家族の状況も念頭において話しかけるのだ。

あるいはまた、病院や大学の会合に出かけると運転手に必ずこう聞いた。

「田中くん、今日、昼飯はどうしましたか？」

「出してもらいました」と答えると、「そうか、どんな弁当だった？」と続けて聞く。

「いい弁当でした」

こういう答えが返ってくれれば、「それはよかったな」ですむ。芳しくない答えだと、その場では「ああ、そうか」だけだが、その日の夕方には必ず、病院の理事長か事務長に注意しておく。

「昼食は、とくに汗して働いている人間にはもっと心遣いをしたほうがよくはないか」

このような姿勢と人に向けるまなざしが、川﨑祐宣を「市井の医師」たらしめた。

病院は患者のためにある。従業員のためにあるのではない。

「病院は従業員のためにあるのではない」とする思想を、川崎祐宣は自ら実践した。川崎病院が総合病院として第一歩を踏み出したのはいまの西館からだが、川崎祐宣はこの西館の上階に自分の住居をおいていた。

急に病気になったりケガをしたときにこそなにより医療が必要とされる。「医療の原点は救急医療である」として自ら病院のなかに住み、家庭での安静を犠牲にし、二四時間すべてを患者さんに提供したのである。

病院も「年中無休、昼夜診療」とした。従業員にとっては厳しいものの、患者さんにとっては非常にありがたいものだった。

さらに、救急車がきたとき満床を理由に診療を断ることを禁じていた。「満床だからとは絶対に言うな。廊下でもいいから入院させて治療をしなさい」と従業員に命じた。

医師に対しても、特別な扱いをしなかった。当時、医師といえば世間では「お医者さま」と特別な扱いをされ、病院内でも格別の存在とされていた。ところが川﨑祐宣は、ほかの従業員と同じように病院の規約に沿って勤務することを強く求めた。

たとえば遅刻。朝は八時半に集まって朝礼をするのだが、五分遅れても遅刻扱いにし、遅刻が三回になると一日休んだことになる。勤務評価は賞与に反映されるのだが、医師もその例外ではなかった。

あるいはまた、入院する患者さんの家族が金銭をもってきた場合、それを受け取ることは厳禁だった。

「絶対に受け取ってはいけない。それには自分だけを特別扱いしてくださいというような意味が含まれているのだから、絶対に受け取らないこと」と言って、断り方まで指導した。

「病院の規則で、そういったものはいっさい受け取ることができません。ただし、退院なさるときにそういうお気持ちがありましたら、トラックいっぱいのものをもってきてくださっても、いただきます」

言われたとおりのことばで断ると、患者さんに納得いただけたと、川崎病院病院長を務めた梅田昭正は述べている（二〇〇四＝平成16年一二月一八日、第四回談話会での談話より抄録）。

ただし、従業員にガミガミ言うものではなかった。梅田の談話に、こういう話がある。

毎朝の朝礼は、玄関ホールに全員が集まって行なわれていた。そのときに川﨑祐宣は、たいてい褒めていたという。叱ることばや説教はまず口にしなかった。

「昨日、患者さんから、こういうところでこういう親切を看護婦さんから受けたと聞いた」「受付の人から、こういうやさしいことばをかけてもらったと喜ぶ声があった」といった話がもっぱらだった。

「僕は、朝礼で皆さん一人ひとりの顔を見て、健康だなとか、あるいはちょっと疲れているんじゃないかなとか、そういうことに留意しているのだ」

そういう院長であったからこそ、職員は「病院は患者のためにある」との思想を自らのものとして実践したのだろう。

まず患者さんの心を探り、あとで病気を診なさい。

胃潰瘍の患者さんが二人いて、一人は暴飲暴食など不摂生で胃潰瘍になった人、もう一人は精神的ストレスが続いて胃潰瘍になった人とする。

川﨑祐宣は、同じ胃潰瘍だからと、同じ治療をするのではなかった。不摂生でなった人には酒をやめるように厳しく指導する。精神的ストレスによる人には少し酒でも飲んでストレスを解消するように指導する。

患者さんそれぞれに最もふさわしい対応をするのである。

「医者の使命は病気を治すことではなく、病人を治すこと」だからだ。

その思想の一端を、川﨑祐宣が手帳に書き記したことからも知ることができる。

手帳は、いつもスーツのポケットにあって、「四、五冊はもっておられ、それにいろんなことを書いておられました」という秘書のことばもある。

手帳に書かれたいくつかを挙げると……。

まず、「医」に関して。これには「病院は患者のためにあり、病院のために患者があるのではない」という、しばしば述べていたことのほかに、つぎのようなことばがある。

「患者が主人公であり、職員は奉仕者であることを常に心がけて、それぞれの職員はそういう親切さを心、まなざし、ほほえみ、手足で示すことがたいせつである」

「まず患者さんの心を探り、あとで病気を診なさい」

「患者さんを絶対に待たせてはならない」

「町医者、開業医になりきりなさい」

「（医師となる者には）気力、体力、学力、努力、協力に徹することが必要だ」

「良医とは、死にゆく患者にほんとうに感謝される医師である」

「患者さんからの収入は、社会に還元しなければならない」

つぎに、「徳」に関して。

「三つの恩がある。それは親の恩と先生の恩と社会の恩だ」

「驕りとか思い上がりとかうぬぼれというのは極力戒めなさい」

さらに「一般教育」に関して。

「教育とは、学ぶ者がその学問的情報・目的に向かって、目を輝かせ、耳を傾け、頭脳を集中して理解を深め、記憶することの積み重ねである。しかし、それだけでは知識のロボットにすぎないので、記憶した知識を基礎に自ら創造することによって知識の支配者になるのだ」

「ものごとは常に動いている。顕微鏡的視野で見ると動いていないものはない。したがって現状維持ということはあり得ない。現状維持だと思っているときは、もはや後退しているのだ」

池田高校（徳島県）の野球部監督だった蔦文也（一九二三〜二〇〇一）のことばも引用

されている。

「能力の差は選手によってそんなに大きいものではない。能力の差は小さい。しかし各選手の努力の差は大きい」

（勝村達喜財団法人川崎医学・医療福祉学振興会理事長＝当時、二〇〇五＝平成17年一二月一〇日、第九回談話会より抄録）

川崎祐宣は、いい医者を「赤ひげ医者」と言っていた。山本周五郎の『赤ひげ診療譚』およびこれを原作に黒澤明監督により映画化された『赤ひげ』（一九六五年＝昭和40年、東宝、三船敏郎主演）にちなみ、体と心の治療だけでなく患者さんの暮らしにまで心くばりする医者のことだ。まず自らが「赤ひげ」医者であろうとしたのであろう。

ものを大切にすることは、人を大切にすることにもなる。

新任の主任看護婦が、院長回診の介助をしたときのことだ。

一九六〇（昭和35）年に川崎病院に就職した主任看護婦は、当時、院長だった川崎祐宣が数人の外科医と回診する際に行なう包帯交換の介助を託された。

回診前、総婦長から「包帯交換は四つ折りガーゼが一枚ですよ」と言われていたが、新任の主任看護婦は、患者さんのはずしたガーゼに少し浸出液があったので、とっさの判断で二枚渡した。手際のよさの見せどころだと。

すると……。

――（川﨑）先生は、やおら新しい摂子を包交車から取り出されまして、二枚を一枚はずしてよけられて、一枚だけ当てられました。それで廊下に出ました。「一枚でよいガーゼを二枚出したということは、どういうことかわかりますか？」と言われました。つづけて、「一枚でよいガーゼを二枚出したということは倍になる。このガーゼが、ここへこういうふうに消毒をされて出てくるまでにどういう行程があるか、今日あなたはお昼休みに見てきなさい」と言われました。（『川﨑祐宣の遺産』より抄録）

昼食抜きで見て回ると、汚物缶に戻されたガーゼは油紙と絆創膏などをすべてはずし、消毒缶に入れられる。それを煮沸し、洗濯し、乾燥させて、畳む。交換したガーゼは、何人もの手を経て、使える状態になっていたのだった。

新任の主任看護婦は、一枚でいいガーゼを二枚使うことは、人の手が二倍かかることを理解した。

川﨑祐宣は、そこで諄々と説くのではなく、自分の目で見て理解するよう促したのだった。おかげで新任の主任看護婦は、「ものを大切にするということは、人を大切にすることにもなる」という教えを体得したと語っている。

川崎病院の総婦長を務めた増田心子の回想談（二〇〇五＝平成17年三月一九日、第五回談話会にて）にあるエピソードだ。

もうひとつ、増田心子の回想談から引こう。

小児病棟に異動になった増田は、患者さんの祖父からつぎのような訴えを受けた。

「うちの孫の病気を、病棟の看護婦が、近所の方がおみえになったときに言いふらした。私たち家族は大変迷惑をしている。大変辛い思いをしている」

川﨑祐宣は、その祖父を院長室にご案内するよう指示した。

院長室に入ると、川﨑祐宣はすぐに席を立って、祖父に深々と頭を下げた。

「うちの職員が大変心ないことをいたしました。申し訳ありません」

祖父は、孫の誕生からこれまでの家族の思いを吐露した。

川﨑祐宣は静かなまなざしを祖父に注いで、「そうでしょう、そうでしょう」と耳を傾けていた。そして祖父の話が一段落したところで、「私には五人の子どもがいます。あなたと運命を同じにすることもあるかと思います」と言い、次いでこう声をかけた。

「お孫さんは、大切な大切な授かりものです。宝物です。長生きをされて、お孫さんの幸せをしっかり見守ってあげようではありませんか」

すっと力を抜いた祖父に、鹿児島から取り寄せた川崎自慢のお茶を勧めると、「お困りのことがありましたら、なんでもご相談に乗ります」と語りかけた。

祖父は、病棟へと案内する増田に、「今日はありがとうございました。私はいい祖父になる方法を院長先生に教えていただきました」と礼を述べた。

増田は、こう語っている。

――川﨑先生はそれ以降、私にも総婦長さんにも、なんのお咎めもありませんでした。私は病棟の看護婦たちに集まってもらい、事実だけを伝えました。病棟の看護婦たちは、それぞれが感じとった思いを精いっぱい看護に表したととらえております。

お孫さんは、ほどなく手術を終え、順調に回復し退院したという。

ことばというものは品性をつくるのだ。

――あなた方は、みんな自分の幸せを願っているでしょう。しかし、医師としての幸せがなんであるのか、よく考えていただきたいのです。

私は、「医療は患者のためにあって、医療のために患者があるのではない。医師や看護婦は患者さんのサービスボーイでありサービスガールであって、病院はそのサービスの場所である」そういうことを繰り返し言ってきたのです。私はそのとおりのことを医師になってからやりました。そして、たくさんの患者さんに信頼され、幸せな一生を過ごしてきたのです。

また、医療は患者さんが医師を信頼しているあいだだけ継続され、信頼しなくなれば終わるのであります。

このことをよく念頭において患者さんに接していただきたいのです。

それでは、患者さんに信頼されるにはどうしたらよいか。

「患者さんに接するとき、信頼されるような状態に自分の考え方や髪型、服装、ことば、診察のときの態度等に心くばりをしてほしいと思うのです。

そして、あたたかい心で、やさしい目で、あたたかいほほえみで、やさしいことばで、またあたたかい手で、やわらかい指先で患者さんに接しなさい」

こういうことを念頭において、私は患者さんに接してきました。そういうことをよく考えていただいて、それは本当だと思われる方は実行してください。

このことを、あなた方が完全に体得して実行されたら、もう患者さんは、信頼して離れないでしょう——。

以上は、川崎祐宣が必ず出席していた、川崎医科大学のジュニア・レジデント修了証書およびシニア・レジデント認定証の交付式で述べた、お祝いのことばの一部である。

とくにシニア・レジデントを終えた人には、「ことばというものは品性をつくるのだ」と強く語っていた。

川﨑祐宣がよく言っていた、ことばを使う心得とは……。

一．よくわかることばで、なごやかに話す。誰にもよくわかるように話すには、共通語を身につける必要がある。

二．ことばは、相手によって加減する必要がある。年齢、性別、用件、自分との関係などをよく考え、それにふさわしい使い方をする。

病院にみえる方は、いつの場合でも病気に関係があり心を痛めておられる方ばかりであるから、同情し、慰め、励ますような心遣いが大切である。

三．ことばについて、自分の欠点を自覚する。方言、なまりを丸出しにしたり、大声、早口、ぼそぼそ話、むだ口、長談義、小言、言い訳など、みなクセがある。自覚して直す心がけが大事である。

四．ことばは、いつの場合でもなごやかでありたい。辛いときにはふさぎ込み、腹の立っているときは当り散らすようなことがよくあるものだ。自分だけの心持ちは押し包み、なごやかに微笑をうかべて人に対するほどの余裕がほしいものだ。

五．まず、ことばを正し、心を正しく美しく保つこと。ことばを正すことによって人間的に成長する。努めてよいことばを使っているうちにそれが習慣となり、品性にまで高められてゆく。

さらに、川﨑祐宣はこう付け加える。

——ここで用心したいことは、心にもないことばで自分を飾ったり、人に媚びるようなことがあってはなりません。「あの人は嘘のない頼もしい人だ」「あの人の話を聞いていると心があたたかくなる」というような人になる必要があると思いますので、私が今日言ったことをよく心に留めてこれから精を出してください——。

いい仕事を続けようと思ったら、必ず人が助けてくれる。

川崎病院の総婦長を務めた増田心子が長女を出産したときのことだ。

増田が用事で院長室に入ると、川崎祐宣が聞いた。

「増田さん、仕事はどうするんかな」

「先生、私は仕事をやめるつもりはありません」と増田が答えると、「保育はどうするのか」と重ねてたずねる。

増田は、自宅の近くに住む夫婦に育児を頼むことにした経緯を話した。

――自宅近くに伊藤という夫婦二人暮らしの家がある。長女が誕生する前に、増田の夫がその家の奥さんに「保育をお願いできますか」と頼みに行くと、奥さんは「私ももう六〇歳だからちょっと不安だ」と言う。増田の夫が、「伊藤さんのところで見ていただけるかどうかによって、産むか産まないか決めます」と言うと、伊藤さんのご主人がびっくりして、「いや、そりゃあもう産んでください。ばあさんが見ん言うたらワシが仕事をやめて見てあげます」と引き受けてくださった――。

この話を聞いて、「なるほどなあ、そういう方法もあるなあ」と笑った川崎祐宣は、「いい仕事を続けようと思ったら、必ず人が助けてくれる。そういうことです」と言ったのだった。

増田は、川崎祐宣のつぎのことばを印象深く記憶している。

「医師という仕事は人を生かすという仕事。とにかくモノも人も生かすということが自分の本来の仕事」

川崎病院の東館の建設工事が始まったときだ。東館は地下三階。たくさんの土が出る。「その土をどうしているか、知っていますか」と聞かれたので、「そんなこと、わかるわけがありません。きっと先生は奇抜なことをお考えでしょうから」と答える増田に、川崎祐宣はどうしているのか教えた。

川崎祐宣は浦安に、うなぎの養殖池の跡を買っていた。掘り出した土はすべてそこにもって行って埋める。そのうえに山土を乗せて整地すれば、買ったときよりもはるかに高い値段で売れる。

「土といえども、どうやって生かしていくかです。土を捨てるのに金を出して処分する人もいるけれど、私はそこから資金を生み出す。土を生き返らせる。医師の仕事は、人を生かすこと。それだけにとどまらず、とにかく、人もモノも生かすのが自分の本来の仕事」であると川崎祐宣は語ったという。

「必ず人が助けてくれる」には、まず自らが人に感謝の気持ちをもって誠実に対応すれば、という前提がある。

川崎祐宣は、たとえば「紹介医」をとてもたいせつにした。

朝、朝礼がすむと、当直者の報告を聞き、その場で決裁できることはするなどが院長としての川﨑祐宣の日課になっていたが、もうひとつ、主治医が紹介医に対して書いた返事に目を通して署名するのも欠かさなかった。

紹介医への返事は、「まず患者さんが入院されたとき、つぎに手術をしたら手術後すぐ、そして退院されるとき、この三回はしなさい」と説いていた。

「退院される患者さんは、またもとの紹介医にお返しするようにしなさい」とも言っていた。

これは紹介した医者からすれば、非常にありがたいことだ。

この例からもうかがい知ることのできる、平素からのこまやかな心くばりがあったからこそ、何事かあるときに支援の手が差し伸べられたのだろう。

「医者らしい医者」になりなさい。

川崎医科大学の卒業生の一人が、江草安彦に言った。

「父親は産婦人科ですが、自分は小児科をやります」

「ただの小児科医ではダメだ。世の中の親がいちばん困っていることを手伝ってあげなさい」

江草はそうアドバイスした。

すると卒業生は、「就学問題」に悩む親のカウンセリングをはじめた。

いま、地元徳島県では、なにが本業かわからないくらい、その方面で有名になっている。

「医者がただの医者ではダメだよ」ということを江草は言ったのだった。「医者らしい医者」であるべきだと。これは川崎祐宣から江草が学んだひとつだった。

「医者らしい医者」というのは、注射がうまい、見立てがいいということだけでなく、患者さんから「あの医者にかかっていれば、安心だ、満足だ」と思ってもらえるような医者のことである。

「あの先生は、常にベストを尽くしてくれる」と思ってもらえるような医者である。高い立場の人に出くわしたときにオズオズするようなところがない。といって、「私は医科大学の教授である」というような顔もしない。

「患者さんの重荷にならない医者」である。

「それはいささかオーバーに言うと、国の文化にも関係しているのでしょう」

そう江草は言う。

江草が数年前に韓国に行ったときのことだ。ソウルで地下鉄に乗った。

わずか一駅移動するあいだに、四人の男子学生が「どうぞ」と立ち上がって席を譲ろうとしたという。「これはどうしてか？」と韓国人の友人に聞いたら、「この国には敬老精神がある」と。

「先生がエライ人だと思ったからとか、日本人だから立ったのではなくて、年長者を大事にする文化があるのです」

韓国では乾杯するとき、目下の者がグラスの位置を下げる。しかも必ず手を添えて。ただ上の者の言うことが絶対だとする度が過ぎて汚職につながった面もある。

川崎医科大学にきている韓国人の教師は、韓国人であることに誇りをもっていると言う。

ただ、いまは「すこし韓国が変わるまで、日本から帰りたくない」と言っている。

「ここにいたら、学長におべっかを使わなきゃいけないといったこともないですから」と。

江草が引き継ぐ。

「医者の世界でもソーシャルワーカーの世界でも、人の顔色を見なければ生きていけないのはよくありません。紳士淑女の集まりであるべきです。川崎先生は紳士淑女ということばは使われなかったけれど、おそらくそういう考えだったでしょう」

医者は紳士淑女たるべし、が川崎祐宣の思いであった。

現在の川崎医科大学と附属病院

美しい瞳を向けましょう。美しい瞳は美しい心から。

川崎祐宣は国際医学交流にも注力した。

とくに中国との交流は深く、川崎医科大学は北京の首都医科大学と、川崎医科大学および川崎医療短期大学は上海中医薬大学、上海職工医学院と友好大学提携の協定や、医学および医学教育交流の覚書を交わし、留学生の受け入れなどを続けている。

中華医学会、上海市衛生局などの協力があって実現した関係だが、根底には川崎祐宣のつぎのような思いがあった。

「中国と日本とは地理的にも非常に近い隣国であり、二千年もの長い往来の歴史を有し、わが国の学術文化は中国に範をとって発展してきた縁深い間柄であった。しかしわが国は、昭和二〇年の敗戦まで、長期にわたって中国に多大の損害を与えてきた。私は民間人としてできる範囲で償いをしたい。そのため中国のいくつかの医科大学、医療関係大学と友好関係を結び、おたがいの医学教育・研究の交流を図り、医学・医療を通じて日中の友好親善に役立つことを念願する」

中国と国交が開かれていなかった一九五六（昭和31）年のこと。民間人が中国を訪問することはまずなかったころだが、岡山の第六高等学校に学び、医師でもあった中国の郭沫若《かくまつじゃく》（九州帝国大学医学部卒。文学者、詩人、歴史家）の招待により、岡山県訪中文化使節団の副団長として、川﨑祐宣は北京を訪ねた。

北京では、毛沢東国家主席、周恩来首相はじめ中国の要人と会し、医学教育の現状などについて話し合った。これが中国医学界との医学・医学教育交流のきっかけとなった。

一九七八（昭和53）年に日中平和友好条約が締結されると、交流はさらに活発化。この年の一〇月、川崎医療短期大学は上海職工医学院と友好大学提携の協定を結んだ。

上海での調印式ののち、川﨑祐宣は記念のことばを書いた。

「美しい瞳を向けましょう　美しい瞳は美しい心から」

その後、毎年二〜三回程度、中国医学界の代表団が来訪するようになり、その都度川﨑祐宣は川崎病院、旭川荘を案内した。こうして中国との相互理解と友好親善の絆が太くなり、留学生や研究生の受け入れも促進されたのだった。

川﨑祐宣は、一九八四（昭和59）年、中華医学会から外国人としては第一号になる「名誉会員」の称号を贈られている。一九八七（昭和62）年には、首都医科大学から「名誉教授」の称号も受けた。

「中国の人口は日本の一〇倍にもあたり、すぐれた人材、豊富な研究材料がたくさん蓄えられている。近い将来に日本は、中国の医学界にも多くのことを学ばなければならない時代が必ずくると思う。中国との交流を通じて、おたがいの立場を理解し認識し合って、おたがいにすぐれた学問、技術を取り入れ、双方の学術を発展させていくために、末永い協力を続けていくことがたいせつである」

このように述べた川崎祐宣は、中国では障害者福祉や高齢者介護の社会環境がさらに厳しくなっていくと聞き、また中華医学会上海分会、上海市紅十字会の要請もあって、役立つことがあればと旭川荘のノウハウを、上海市民政局を通じて紹介していくことにした。

上海との交流は江草安彦に継承され、いまも続いている。

二〇一二（平成24）年八月、江草と旭川荘常務理事板野美佐子は、上海市に多大な貢献をした外国人に授与される最高の賞「白玉蘭栄誉賞」を上海市から贈られた。

授賞にあたって上海市から届いた感謝状には、「東南アジアを中心として三〇か国から研修生や視察団など二〇〇〇名あまりの人びとを受け入れてきた旭川荘の国際交流は輝かしい事業です。この国際交流によってどれほどの老人や身障者が利益を受けたことでしょう」と記され、さらにつぎの一文がある。

――旭川荘の国際交流が上海市の老人や身障者の医療福祉事業の近代化に先鞭をつけたといっても過言ではないと思います。「介護」ということばは耳新しいことばでした。中国語の訳語を「護理」にすると、「看護」の訳語と同じになり、「介護」と「看護」とはどう違うのかという問題にぶつかりました。いまだに「介護」のぴったりした訳語を見かけませんが、「介護」とそのまま使う例をよく見かけます。そのうち「寿司」や「刺身」などのように定着してそのまま使うかもしれません。そうすると、日本から輸入した語彙がまたひとつ増えることになります――。

上海での調印後、「記念のことば」を書く川﨑祐宣

川崎祐宣のことば

「私は生業を医に求めて病院を開き、多くの患者さんを得た。したがって体や心に障害をもつ不幸な子どもと老人に接する機会が多く、当時の社会事情からみて、私の力でなんとかしなければという、止むに止まれぬ気持ちを抱くようになった」

「医業は財をなすために行なうものではなく、もしそれによって金銭上の余裕ができれば、それを社会や患者に還元すべきであろう」

第二章
福祉への取組み

一九五七（昭和32）年、社会福祉法人旭川荘を開設。旭川療育園、旭川学園、旭川乳児院の三施設から始まり、現在は八八（グループホーム三八を含む）施設、利用者二五〇〇人、職員二二〇〇人という全国屈指の総合社会福祉施設に成長している。

十年を区切りに一つのことを成し遂げればいい。

川崎祐宣は、夢を必ず実現させた。実現不可能なように思える構想であっても、必ず実現している。

「夢に夢みる男です」と江草安彦は評する。

その実現は十年一刻みだった。

「一〇年一生懸命にやってできなければ、能力がないか、時期が早すぎたか、どちらかだ」

昭和二〇年代は川崎病院という病院をつくった。

当初はベッドなし。それを一〇年で五〇〇床にした。

川崎祐宣自身は外科医なので診療科目も当初は外科だけだったが、一〇年後には精神科以外のほぼすべての科がある総合病院にした。

つぎの一〇年では旭川荘をつくる。

なぜ旭川荘をつくったかといえば、外来で診る患者のなかに、貧しい人もいたからだ。

「貧しい人は、貧しいから病気になったのか、病気だから貧しくなったのか。いずれにしても表裏一体である。だからそういう人には、薬をあげるのもいいけれど、米の袋をあげるか金一封をあげるほうが、もっといいのではないか」

いまでいう「メディカル・ソーシャルワーカー」の考え方だ。

疾病をかかえる患者が、地域や家庭で自立した生活を送ることができるよう、患者や家族のかかえるさまざまな問題について、解決や調整を援助する専門職を育てようというものだった。

その後、川崎医科大学を計画したのは六〇歳前後のころであり、さらに八〇歳前後に川崎医療福祉大学を構想した。

「立ち止まるということは、後退の始まりである」

こう言いながら、まさに「言行一致」で、絶えず前進したのだった。

川崎祐宣は、抽象的ではなく、具体的な人であった。

現在の旭川荘全景（岡山市の祇園地区）

人それぞれの資質を伸ばし、花開かせるのがリーダーである。

リーダーは、マクロの計画を示し、その実現に目を配るけれど、細部にまで手を入れ、指図するものではない……。

「人にはそれぞれの持ち味、資質がある。それを伸ばし、花開かせるのが、リーダーである」

これが川﨑祐宣のリーダーシップのありようだった。

まず大きな計画を示す。

つぎにそれを達成する人を選ぶ。

そして現場での体験を重ねさせながらその人を育て、計画に肉づけさせる。

川崎祐宣は、これを実践した。ひとつの例が、旭川荘である。

旭川荘は、乳児、身体障害者、知的障害者、まずこの三者についての仕事をする。引き続いて老人についての仕事もする。「設立趣意書」にそう書かれている。

その内容をもうすこし詳しく示すとつぎのようになる。

乳児院として「旭川乳児院」、肢体不自由児施設として「旭川療育園」、そして知的障害児施設として「旭川学園」、この三つから着手し、つぎに老人施設を設立しようという計画である。

「旭川乳児院」は、結核患者の家庭に暮らす乳児を結核予防のために隔離し、疾病のために保育することが困難な母親に代わって養育することを目的とした。

「旭川療育園」は、当時の岡山県には肢体不自由児施設が存在しなかったため、設立したものである。

「旭川学園」は、知的障害児について、小中学校には特殊学級が増えていたが、中学校卒業後の社会的な自立を支援する施設はなかったため、三年間という期限を設け、その在園中に行なう指導計画を綿密に立てて社会的自立の効果を上げようとするものだ。

川崎祐宣は、この三施設を、先駆的であり、実験的、開拓的でありたいとした。ここまでの計画を示し、自分は「三粒の種子を蒔いた」と言っている。種子を蒔いたら、あとは若い者に育てさせようと、旭川荘の自立は、堀川龍一と江草安彦に任せた。

人を選び任せたら「自分のやることはすんだ」と、川崎祐宣はそのときすでに医科大学創設に向けて動いていた。

任せられた江草は、「共同作業者」の自覚をもったと言う。

「種子が蒔かれたあとに土を埋めていく、そういう仕事をしたわけです。ですから、組織の上下関係ではなく、共に計画を推進する仲間だという意識をもつのです」

江草にとって川崎祐宣は恩師であり、上司であり、かつまた心を開くことができる仲間でもあった。

なお、リーダーについて、川﨑祐宣はさらにこう語っている。

「リーダーたるものは、自らの天賦の資質を、学習と努力によって大きくすることを忘れてはならない」

参考までに……。

旭川荘のめざすところは、「設立趣意書」に述べられている。

この趣意書は、旧約聖書の影響を大きく受けている。賀川豊彦の影響があるからだ。賀川豊彦は、大正・昭和期の青年たちに大きな思想的影響を与えた思想家であり社会運動家である。その弟子が、設立趣意書を起草した一人だった。

そのため、たとえば「田園都市建設」の項には、「道路建設に当っても街路樹の如きも、クルミ、ペカン、栗、桃、蜜柑等を植えて『クルミ通り』『ペカン通り』などと呼称する」とある。

米コロンビア大学のラッセル・スミスが著した『立体農業の研究』は賀川豊彦の訳。

賀川豊彦は『一粒の麦』『乳と蜜の流る、郷』を書いている。これらに、狭い土地でも立体的に利用すれば豊かな農村や漁村ができると示している。

具体的にはイスラエルのことだ。ユダヤ民族はイスラエルの砂漠を沃土に変えて、太陽が輝き、乳と蜜が流れる理想郷づくりをめざした。そしてイスラエル建国時の厳しい環境のなかで、農村形態の共同体が形成された。

これを理想とする設立趣意書であったから、旭川荘の河川敷もきっとイスラエルのようになるだろうと周囲の人びとは想像をふくらませた。

江草は、「それを期待される任を負ったのだから、大変だった」と振り返る。

当初、獣医はいなかったから、飼いはじめたブタが下痢をしたら、江草が注射をしていた。「私のことを、人間を診る医者だとは誰も思っていませんでした」と笑う。

開設間もないころの旭川乳児院で

ものごとは本来ふさわしい方向に進んでいく。

旭川荘の自立を任された江草安彦は、「重い障害をもつ子どもたちのための病院をつくるべきだ」と提言した。

これに対して川﨑祐宣は、いったんは「そういうことは国や県がすることだから、あなたたちがやらなくてよろしい」としたものの、最終的にはつくることになった。

ただし、厳しい条件がついた。「自己資金で」と。

当時を振り返って江草は、「自分は甘すぎた」と言う。

自己資金で足りないところは、川﨑祐宣のことだ、「出してやる」と言ってくれるものと思っていたのだった。

それを察しているかのように、川﨑祐宣は、「僕が君ならカネの話はしないよ」と先手を打ってきた。

江草は「わかりました」と引き下がったけれど、憤懣やるかたない。「これでは二階に上げておいて梯子をはずすようなものじゃないか」と。だが、その気持ちを抑え込んで、「資金的な話ではこれからいっさい参らないことにします」と返した。

川﨑祐宣は「ああ、そうか」とも言わず、知らん顔をしていた。

以来、江草は「一度も先生に金銭の話をしたことはない」と言う。

この一件があって、江草は気づいた。

「一人の資産家、あるいは資本家、あるいは財団家に資金を出してもらって仕事をするのがいちばん簡単な方法です。けれど、果たして現代社会でそれが望ましいのかどうか」

江草は「望ましくない」との結論を出した。

「国から予算をとるのは、もはや限界。寄付をもらうのも限界。じゃあどうするかというと、住民運動です。これをしました。それがあって、いまでもおしめを畳みに何千人とボランティアにきてもらえているわけです」

旭川荘は県立でもなければ、国立でもなく、民間立でもない。

「県民立」である。

この話を新聞社や放送局にする。「みんなの手で重症児医療施設を」と。

すると山陽新聞はそのキャンペーン記事を一年近く書き続けた。記事は、日本新聞協会賞をとった。

「ものごとは本来ふさわしい方向に進んでいく」というのが経営の視点だと、江草は言う。

川﨑祐宣は、それを予見していたのかもしれない。

「私は三粒の種子を蒔いた」の碑（川崎祐宣記念総合在宅支援センター）

発展にふさわしい人がつぎの理事長である。

旭川荘は、発展を遂げた。

旭川荘の自立を任されたのは、堀川龍一と江草安彦の二人であった。

堀川龍一は、江草より一歳年長の整形外科医。川﨑祐宣の姪の夫であり、川﨑夫人の甥でもある。出身は鹿児島。

川﨑祐宣にとって、堀川は血縁者であり、江草よりも近しい関係にある。周囲の多くは、川﨑祐宣のつぎの理事長は堀川だと思っていた。江草もそう思っていたという。

ところが川﨑祐宣は、後継者に江草を指名した。

なぜか……。

江草は、「私のどこがふさわしいと先生は思われたのか、それはわからない。先生はおっしゃらなかった」と言う。

「もしかしたら」という前提つきで江草が挙げた理由は、「私はイエスマンではなかったから、でしょうか」がひとつ。

批判精神旺盛で、川﨑祐宣がなにか言っても、すぐに「そうですか」とはなかなか言わない。「そうではあるまい」とも言わないけれど、一呼吸おいてからでないと返事をしないのが江草である。

川﨑祐宣が大学をつくると言い出したときも、江草は反対した。医療と福祉はまだしも近しい関係にあるから成り立つかもしれない。けれど教育はまったくの異分野だ。

「いい医者がほしい、いいコ・メディカルのスタッフがたいせつだという主旨はよくわかります。でも、学校法人をつくって、先生が理事長になって、そこで教育を語るのですか。なかなかむずかしいですよ」

川﨑祐宣が「どうしてもやる」としたときも、「そうですか。でも、私はお手伝いできません」と明言した。

いっぽう堀川は、身内であり、昔から尊敬している大伯父の言うことであれば、「そう、そのとおり」となりがちだ。

自分の言うことにすんなりと乗ってきがちな者は、後継者としてはどうかと、川崎祐宣は疑問を覚えたのかもしれない。

加えて、江草は岡山の人間である。職員の多くは岡山の人間で、医者はほとんどが岡山大学の出身。「江草を理事長にしておいたほうが、まとまりがよくなりそうだ」という見方もあったのかもしれない。

川崎祐宣の思いをことばにすれば、「旭川荘の発展にふさわしい人がつぎの理事長である」となる。江草はそう忖度する。

1985（昭和60）年、江草安彦（左から２人目）の旭川荘２代目理事長就任時に
（左端は旭川荘長に就任した堀川龍一、中央が川崎祐宣）

あるべきものがないのだったら、それを自らつくろう。

海の冷たい水とあたたかい水の境目を「潮目」という。船に乗っていると、潮流の変化が見て取れる。

川﨑祐宣は、時代が変わる「潮目」を見て取る能力に長けていた。

重症児の施設をつくったのも、「潮目」を見たからだ。

「目の前に重症児がたくさんいるから」というのがひとつの理由ではあった。それともうひとつ、あった。

「遠くない将来、軽度の障害者は学校教育で対応するようになるだろう」

この読みから、考えた。

養護教育がしっかりしていれば、医者がいなくてもいい。しかし障害の程度が重い児童は、学校では対応しきれない。

学校の先生では手に負えないような人を世話するのが医者だろう。医者が見るとなれば、外来だけでは十分ではない。ＯＴ（作業療法士）、ＰＴ（理学療法士）がいる。場合によってはＳＴ（言語聴覚士）も必要になるだろう。とすれば病院形態でなければいけないのではないか。そういうところはあるのか……。

見たところ当時の日本にはなかった。だから、「それをつくろう」となったのである。

ちなみに、しばらくすると厚生省も必要だと言い出した。

ところが、統計から割り出してみると、障害の程度の重い児童は全国におよそ一万二〇〇〇人いた。一万二〇〇〇人を受け入れることができる施設を新たにつくるとなれば、一〇年も二〇年もかかる。

そこで、国立療養所の結核病棟があるではないかと思いついた。結核患者が少なくなったのだから、半分はそちらで受け入れればいい。ということから国立療養所に重症児病棟ができたのだという。

川﨑祐宣は、世の中で「高齢者問題」「障害者医療」が取りざたされるようになる前に、やがてこれらが大きな社会問題になることを読み取って動いた。

江草安彦は言う。

「潮目を読むのは、さしてむずかしいことではない」

人口構造を見れば、「高齢者問題」の到来は読み取れる。

「ポイントは、それを踏まえて病院経営をするか、みんなが動き出してからついていくかです。それが大きな違いを生むのでしょう。川﨑先生はやがてくる世の中を見越して、やるべきことをやり遂げていったのです」

「日本・デンマーク福祉セミナー」（旭川荘主催）に参加し旭川荘を視察訪問したデンマークのオーゼ・オレセン厚生大臣一行を迎えた川崎祐宣（左から２人目）と江草安彦（左から３人目）

「現場がいちばんの学校」である。

旭川荘の根本的な理念は「敬天愛人」である。川崎祐宣が使ったことばだ。では、これはどういうことを意味し、なぜ川崎祐宣は使ったのか。江草安彦はつぎのように言う。

川崎祐宣は鹿児島出身の先輩である西郷隆盛を限りなく尊敬していた。その西郷隆盛が好んでよく使ったことばに「敬天愛人」がある。

鹿児島出身の川崎祐宣は、第七高等学校造士館で倫理学を学んだ。倫理学の講義は山田準先生から受けた。山田準（一八六七〜一九五二。二松学舎専門学校初代校長。号は済斎）は、陽明学者山田方谷の孫と結婚し、山田家を相続した陽明学者だ。著作に

『南洲百話』がある。

川﨑祐宣の恩師津田誠次も同じく第七高等学校に学んでおり、津田誠次は鹿児島県の地方紙「南日本新聞」の年鑑に「鹿児島人は陽明学で教える国家、隣人、家族への愛情をたいせつにしている」と書いている。おそらくは山田準の講義で、津田誠次も川﨑祐宣も西郷隆盛や陽明学について学んだであろう。

「敬天愛人」について『南洲翁遺訓』（西郷南洲顕彰会）には、つぎのようにある。

「道は天地自然の物にして、人はこれを行うものなれば、天を敬するを目的とす。天は人も我も同一に愛し給うゆえ、我を愛する心を以て人を愛する也」

川﨑祐宣はこれを体に染み込ませるように吸収していたのかもしれない。そして江草はこれを、人の尊厳を敬い、自己と隣人を愛する「福祉の本質」をあらわすことばであるととらえ、旭川荘の理念にしたのだった。

旭川学園の草創期、園長だった江草の課題のひとつは人材育成だった。職員はほかの施設で勤務経験のある二、三名のほかはすべて新人だった。

そこで江草は、毎日の朝礼と終礼でその日の目標と反省を具体的に職員に話した。学園の当面の目標と年間目標、その実現手段も噛みくだいて話した。そのうえで、リーダータイプの職員と新人をペアにし、二人でいっしょに、その日その週にやるべきことを考えさせるようにした。結果も二人で受け止めてもらった。職員それぞれが責任をもって自ら考え行動するようにしたのである。

するとリーダータイプはさらにリーダーらしくなり、また、二人の人間関係は円滑になった。

川崎祐宣も、このような現場での実践を重視した。聞いて覚えるのではなく、体で覚えることを信条としていたから、川崎病院の看護学校でも川崎学園でも、実習重視のカリキュラムを組んだ。

医療や福祉の現場では、職員の知識、技術とともに、やる気が重要である。教わる立場の人は、指導者が説く知識や理論を頭で理解するだけでなく、指導者の熱意、人柄を体で受けとめるものだ。体で受けとめたら納得する。納得したことは身につく。

「納得する」ことで人は理解を深め成長するととらえていた川﨑祐宣は、学校教育だけでなく看護職員にも栄養職員にも、現場でのチームワークを通じた経験をもとに人を育てるようにしていた。

江草は、そこから「現場がいちばんの学校」であると心し、旭川荘でも現場実習を重視したのだった。

人の尊厳を敬い、自己と隣人を愛する「敬天愛人」は、医療福祉の分野で働く人にとって、自らの成長のためにも根本に据えるべき理念なのである。

良識ある医療福祉を実現しよう。

精神を病む人が増えている。日本の精神病患者の多くは、病院にいる。

そして患者とその家族は困っている。

入院は医療という見地からして望ましいことではない。地域社会で暮らしたほうがいい。

さらに現実問題として、高い医療費が負担になっている。

西欧諸国を見ると、どの国でも人口あたりのベッド数は日本の半分以下だ。それでも医療費に困っている。

日本では、患者を入院させて、医者は診療報酬の引き上げを声高に要求する。そのたびに医療費が上がる。

病院を経営する立場からすれば、医者、看護師や療法士、職員に給料を払い、新聞等に広告を出すと、いまくらい収入がなければやっていけない。

「それはわかるのだけど」と前置きして、江草安彦は言う。

「果たしてそれが日本の国民生活全体から考えていいのかどうか。私はいささか問題があると思う」

江草は看護学校の学生に向かってこう話す。

「日本に生まれたら、どこの町で生まれようとも、どこで暮らそうとも、親が豊かであろうがあるまいが、必要なモノが等しく与えられる。それを『幸せ』というのではないか」

いまの時代、車はあったほうがいい。けれど、誰もが大きな車を必要とするわけではない。そこで小型車は税金をうんと安くする。その代わり大型車には高い税金をかける。

こういう税制で国民の「幸せ」を実現すべきではないかというのが江草の考えだ。

江草は、「西洋社会的民主主義」を支持すると言う。

イタリアにもフランスにも、大金持ちもいれば貧しい人もいる。ただ、大金持ちは貧しい人にどんどん寄付する。貧しい人も、さらに貧しい隣人にパンを配る。

それは、「人に対する愛情をもつ」ことが基本になる。信仰云々の問題ではなく。

「その精神がいま足りないのではないか。我々のような仕事は、それを実現すること」

こう江草は言う。

川﨑祐宣は、差額ベッドについてはさほど頓着していなかった。

「出せる人には出してもらいましょう。その代わり、差額ベッド代が払えないような人をそんなところに押し込むようなことはしてはいけない。基本的人権は重視しながらも、現実的に取れるところから取ろう」

江草の「取れるところ」は、範疇が違う。

「取れるところ」の患者は、特別室に入れられる。

東京の一流とされる病院だと、一晩二五万円といった個室がたくさんある。そして、そこにいる患者に対する医者や看護師の態度は、ことば遣いから違うという。様子を見に行く回数も多い。

病気が重ければ、たびたび診察に行くのは当然だ。けれど、「特別室の患者だから、たびたびのぞきに行く」というのはおかしい、というのが江草の考えだ。

川崎祐宣も基本的には同じ考えだった。けれど、川崎祐宣は現実的な経営者であり、江草安彦は理念的な経営者。その違いがある。

江草の自慢は、旭川荘には差額ベッドがないことだ。老人施設にもない。

カネを多く出したからといって、いい病室に入れるというのはあり得ない。「いい病室に入りたい方は、よそへ行けばいい」として、江草は中産階級以下対象の社会福祉サービスを行なっていく、としている。

川﨑祐宣のことば

「私は青年時代から、老後に理想的な社会事業をやろうと思っていました。私のすることは基盤だけだが、基礎さえできれば、協力者ができて、立派なものにしてくれるでしょう。いまの私の病院も、従業員みんなの力で軌道に乗り、なんとかやりくりして資金を旭川荘に回すこともできる自信がついたので着手することとしました。ちょうど私はいま五〇歳。一〇年計画というのも、まだ一〇年は私が健康だと思うからです。むろん理解ある皆さんの協力なくて、私一人でできることではありません」

（一九五七＝昭和三二年社会福祉法人「旭川荘」設立にあたって）

第三章

教育への取組み

一九七〇（昭和45）年、学校法人川崎学園を設立。川崎医科大学、附属高等学校を開学・開校し、医学教育に取り組んだ。

その後、川崎医療短期大学、川崎リハビリテーション学院などを開設。さらに一九九一（平成3）年に、医療福祉の高度化に対応するため川崎医療福祉大学を開学させた。

人類への奉仕のために、「人間をつくる、体をつくる、医学をきわめる」

「人間《ひと》をつくる、体をつくる、医学をきわめる」……川崎祐宣はこう述べ、これを川崎学園の理念に掲げているが、江草安彦は「これは理念ではない」と言う。教育理念は「人類への奉仕」である。大学の開学式で、江草はそう語った。

「本大学の目的は、『人類および社会に対する奉仕』である。その目的を十全に果たすためには、しっかりした体をつくって、しっかり勉強をして、しっかりした人間性をもたなければいけない」

川崎祐宣は渋い顔をして聞いていたが、後日ほかの席で江草に言った。

「まあ、無理もないです」

川崎祐宣は旧制高等学校で倫理学と哲学は習っていない。岡山医科大学ではそういうことは教えない。だから理念とその実行目標との位置づけを混同しており、本意は「人類と社会への奉仕」にあった。

川崎祐宣は、ことばで表現することは得意としなかった。

行動をもって、思想を表現した。

「医者は患者のためのものである」

「医療機関は患者のためにある」

これを実践するために日々の努力を怠らなかったことから、具体的な表現として「人間をつくる、体をつくる、医学をきわめる」という表現になったのであろう。

中国にはものごとを天地人の三通りに分けて論じる「三才」の思想が古代からあって、医者のランクも三通りに定められていた。

唐の時代（紀元七世紀中期）の有名な医学書『急備千金要方』にもある。

上医は未だ病まざる病を医す
中医は将（まさ）に病まんとするものの病を医す
下医は已（すで）に病みたる病を医す

「人命は千金より重い」という考え方から医学や医療の基本について書かれた書物にある「上医」なればこその表現とも言えよう。

学生たちと語らう川崎祐宣（左端）

医学は日進月歩、進歩している。現状維持は退歩である。

医学の原点は「人間としての医師」育成にあると川崎祐宣は考えていた。そして「良医」を世に送り出すには新しい医学教育が必要であるとして、川崎医科大学が創設されたのである。一九七〇（昭和45）年に開学した。

建学の理念は、(一) 人間《ひと》をつくる、(二) 体をつくる、(三) 医学をきわめる。

「小さな新しい大学が、東京大学を頂点とするピラミッド構造の上に立つことはあり得ない。私たちは患者さんのことを心から心配し、立派な医療を実践する医師を養成するのだ」との思いがあった。

偏差値をモノサシに評価される既存の大学医学部とは一線を画し、「病める人びと、悩める人びとをなんとかしてあげようという心を磨き、時代時代のできるだけ高いレベルの医学を提供する」という目標に向けて医学教育の改革を図った。

信頼される医師をつくるには徳育が重視されるべきであり、それは生活のなかではぐくまれるとの考えから、一、二年生については全寮制がとられた。川﨑祐宣は寮を訪ね、「今日のサンマはうまいね」と学生たちと夕食をともにすることもあった。新入生対象のオリエンテーションでは自ら講話を行ない、また講師選びもした。

六年一貫教育、各科の講義を有機的に統合したブロック講義、病棟実習の重視、あるいは教員一人が数名の学生を担当して相談に乗り指導する小グループ制など、独自の教育・指導体制が、試行錯誤を重ねながら構築されていった。

川﨑祐宣は講義について教員に、機会あるたびにつぎのように述べた。

「名講義はいらない。講義は学生の誰が聞いてもわかるものでなければならない。講義がわからないと学生が言うならば、それは教師の教え方がわるいからだ」

むずかしいことでもわかりやすく説く、「わかる講義」をするよう強く求めたのだ。入学試験前には保護者と会って、「高校の成績は中以上であれば十分です。本学には優秀な教員がたくさんいるので、よい講義、よい教育をして立派な臨床医に育て上げてお返ししますよ」と話すこともあった。

当時、医師国家試験は春と秋の二回行なわれていた。一九七六（昭和51）年春の試験では、卒業生七三名中六七名が合格、その率は九一・八％で全国第三位、私立大学では第一位だった。秋の試験では春の不合格者六名と秋の卒業生一三名の計一九名が全員合格した。一期生は春秋合わせて八六名が一〇〇％合格であった。

これに、マスコミは冷たい反応をした。

「開学時の入学者は一二一名。そのうち春は七三名しか国家試験を受けていない。合格率を上げるために卒業させていないのでは」と言うのだ。

川崎医科大学は学年制をとっているので成績不良の学生はそれぞれの学年末に留年になる。留年生は、すべての教科をもう一度勉強する。「立派な臨床医に育て上げてお返し」するためだ。一期生卒業時の数が入学時よりも減っているのはそういう事情からだったが、どうやらマスコミはそれを誤解したようだった。

学生時代にとどまらず、医師や看護師には生涯教育が必要だというのが川﨑祐宣の持論だった。

「医学は日進月歩、進歩している。したがって、現状にとどまっているということは退歩である。常に進歩するように努めることがたいせつだ」

たゆむことなく新しい知識と技術の習得に取り組むことを、教員にも職員にも学生にも求めていた。

人、物、自然の整備は、創設者が自らの責任で取り組んでいくものである。

「医業や教育はいわゆる事業そのものである」

川﨑祐宣はこう言い、「事業を起こすときに目的を可能にするためには、事業をめぐらす諸条件があり、そのなかからまず初めにやらなければならないことは、環境の整備である」と続けている。

環境整備とは、「人、物、自然の三つの整備であり、それは創設者が自らの責任で取り組んでいくものである」と言う。

一つに、事業の目的を育てていく力を備えたすぐれた人材を招くこと。

二つに、事業の目的にふさわしい施設設備を充実すること。

三つに、事業をめぐらす豊かな自然空間を想像すること。

この三つを川﨑祐宣は実際に行なった。

とくに「私は、あらん限りの努力で施設設備を整える。学生生徒は懸命に勉強してほしい。先生方は真剣に教育に取り組んでもらいたい」と口癖のように言っていた。つまり医療福祉にかかわるすぐれた人材を育てるために、自らは事業家としても手腕を発揮したのである。

一九五四（昭和29）年に欧米を視察し、そこで見聞し学んだことを踏まえて計画を立てると、五七（昭和32）年に旭川荘創設、六〇（昭和35）年に総合病院設置、六六（昭和41）年総合病院完成、七〇（昭和45）年には川崎学園を創設。川崎医科大学開学後も、生坂に附属高校、体育施設、大学学生寮、大学校舎棟、医科大学跡地に医療短期大学、松島西山の本館棟附属病院、そしてリハビリテーション学院と、主な建物すべてを計画どおりに完成させた。

教育環境の充実について、川崎祐宣はたとえば附属高校設置にあたってはつぎのように語っている。

「人生において最も多情、多感で、心身の発達が旺盛な時期は高校時代であり、この三年間は人格形成が行なわれる最適の時期にあたる。医科大学で良医を育てるために、人間教育と勉学と体育を織り交ぜた特色ある高校教育を行ない、また、全寮制を取り入れて、医科大学での中核となる学生の育成をめざしたい」

川崎病院が総合病院としての第五次建築計画の完成に至った六六（昭和41）年にさかのぼるが、このとき川崎祐宣は「いま、峠のひとつを登りつめた。この峠から新たな峰をめざして歩んでいきたい」と心境を語っている。

「リーダーというのは、できそうにないことをするのが仕事だ」

計画を実現するうえで、川崎祐宣は医業、教育の事業家として、自ら述べたことばのとおり、重い責務を背負って理想に向かったのだった。

いま川崎学園のメディカルセンターに変貌を遂げている松島の地、そこにまずおよその一二〇〇坪の田畑を購入したときは、閑静といえば閑静な、なにもない田園地帯の風景が広がっているだけだった。川﨑祐宣は、その風景のうえに理想とする施設が整った情景を思い描き、それを一つひとつ具現化させていった。その積み重ねとして、自然に恵まれた広い敷地に緑と花があふれ、よく手入れされているいまの環境がある。いま我々が日々学び働く場は、川﨑祐宣の大きな遺産なのである。

背筋を伸ばしてものを言え！

川崎医科大学ができた四〇年前、週刊誌が「寄付をしなければ入れない私立医科大学」と書いたことがある。川崎祐宣は、名前をもじって「金先優先」（かねさきゆうせん）と書かれた。

取材にきた週刊誌の記者が、江草安彦に聞く。

「川崎祐宣がなぜ旭川荘をやっているのか、理解できない」

「あなただけでなく、多くの人が理解できないでしょう」こう江草は答えた。

カネがなければ大学は成り立たない。だからといって川崎祐宣は「カネがない者は入学させない」としたわけではなかった。

六年間の医学教育には、学生一人当たり一億円は要する。文部科学省からもらえるのは、およそ四〇〇〇万円あまり。あとの六〇〇〇万円はどうすればいいのか。川﨑祐宣は、「二〇〇〇万、二〇〇〇万は、経営者として自分がひねり出してみせる」と言う。薬の買い方を工夫するなどして工面すると。

それでもなお四〇〇〇万～五〇〇〇万円不足する。その足りないぶんは、「うちの子どもは国立大学には入れないけれど、医者にしたい。四〇〇〇万円なら出せる」というような人からいただこうということだ。

寄付が先にあるのではなく、寄付金は入学後に払う仕組みなのだけれど、週刊誌の記事では「金先優先」。学生のなかにも、父親に授業料や寄付金を払ってもらいながら、「自分は正義の味方」とばかりに記事に同調し糾弾する者もいた。

江草は、寄付金についての川﨑祐宣の考え方に「矛盾はまったく感じない」と言う。それは川﨑祐宣が私欲に走る人ではないことをよく知っているからだった。

一例を挙げると、旭川荘では子どもたちと職員がいっしょにキュウリをつくり、ニワトリに卵を産ませる。その卵を一〇個箱に入れて、月に一度、川崎祐宣のところにもって行く。

「先生、こんな卵を産みました」

「そう、よかったね。さぞかし栄養があるだろう」

キュウリを三本もって行くと、「新鮮で、おいしいだろう」と喜ぶ。

そして必ず「支払いをどうしようか」と言った。

理事長だからと、「ああ、そうか」と受け取る人ではない。

あるいは医師会などから、「旭川荘への紹介状を書いてほしい」と頼まれると、それに川崎医科大学の便箋はけっして使わない。

「僕は川崎学園の理事長でもあるが、旭川荘の理事長でもある。君がいま言ってきているのは、川崎学園のことではない。旭川荘の便箋をもってきなさい」

旭川荘の仕事で東京に行くときは、その旅費は必ず病院の事務長が旭川荘に要求してくる。

「お金の問題じゃない。背筋を伸ばしてものを言え」

その話を江草が週刊誌の記者にすると、記者は「話を聞いて、私たちはわからなくなりました」と言った。

以来、「金先優先」のトーンは下がった。

川崎祐宣は、きわめて論理的であり、理に適ったことをするけれど、時として誤解される面があった。

医療と福祉のサービスは、融合して提供すべきである。

一九九一（平成3）年、川崎医療福祉大学が開学した。いまでは「医療福祉」「保健福祉」を冠する大学が全国に多数存在するが、その一番手は川崎医療福祉大学だった。

そもそも「医療福祉」という思想は、開学からさかのぼること四〇年も前に、川崎祐宣が形成したものである。

医療は、患者の疾病や障害を、心身両面から癒し慰めるもの。福祉は、主に社会的、経済的な面から人びとの生活を支えるものである。

患者の悩みに応え、一人ひとりがそれぞれに希望と喜びをもって生活できるようにしようと尽くした川﨑祐宣にとって、医療と福祉は当然に不可分のものだった。

患者をただ疾病や障害をもつ存在としてではなく一人の人間としてとらえ、「個の尊厳」を尊重し、医術による医療にとどまらず、物質面でも精神面でも支援しようとするのだから、医療と福祉が融合するサービスを提供するのは必然となるわけだ。

江草安彦は、「医療と福祉の新時代」と題し、つぎのように述べている。

――医学は、まず治療の医学からはじまり、やがて予防の医学、そしてリハビリテーションの医学、健康の科学へと幅を広げ、深めてきた。こうした医学の進歩は、先端科学の導入によって飛躍的に発展した。その結果、医療は複雑で多様な内容になり、もはや医者と看護師だけがその責任を負う時代ではなくなっているし、負うこともできない。それぞれの専門性をもったコ・メディカルスタッフが、医師と同じ立場で、同じ人間観、生命観によって結ばれ、協力しなければならない。

難治性の病気、障害者、高齢者の方々への対応は、狭義の医療での対応だけでは不十分だ。疾病、障害への直接的な対応とともに、その人の心ゆたかな生活の実現をめざす努力が同時に進められなければ満足してもらえない。医療と福祉は、協力するというより、一体となって取り組んでこそ、はじめて人びとから満足してもらえる——

（川崎医福大ニュース第五号、一九九二＝平成4年二月一〇日発行より抄録）

高齢者の医療は生活と切り離せない。障害者の福祉から、医療を切り離すことはできない。「医療福祉」は、新しい時代が求めている思想であり実践であるというのだ。

この医療と福祉の融合という思想を、川崎祐宣は臨床外科医としての実践のなかから形成したのだったが、では、なぜそれが医療福祉大開学の四〇年も前だったのか。

医療サービスも福祉サービスも、ともに人が人に向かって提供するものだ。臨床外科医としての経験からだけではなく、人となり、生活観、広義の教養が大きな役割を果たしたと江草は見る。

人類が長い歴史を重ねるうちに集積した知的・文化的財産が教養である。川崎祐宣は、変化の激しい日常の動向は水面のさざなみのようなものととらえ、時代の大きなうねり、つまりは本質に目を向けた。すなわち真の教養人であったから、医療と福祉の融合が求められる時代を見通すことができたのだと見るのだ。

川崎医療福祉大学では、基礎教育、教養教育に大きな比重をかけている。それは、人間を対象とする医療福祉、ヘルスサイエンスを学ぶ人にとっては基礎、教養がとりわけ重要だからだ。

「現代社会はあらゆる分野で物質的・心理的・精神的に複合汚染が深まり、混迷の時代と言われています。混迷な時代だからこそ、ものごとを総合的にとらえ、本質に接近する柔軟な頭脳と高度な知識と教養、そして何にもまして人を愛する心、人を思う心が必要です」

江草は、二〇〇二（平成14）年四月六日の第一二回入学宣誓式において、学長式辞をこのように結んでいる。これはまさしく川崎祐宣の思想であった。

人は、心に響き合う者を信頼する。

川崎医療福祉大学の開学にあたっては、多くの教員が集まった。医学・医療にかかわってきた人、福祉関連の実践や研究・教育にかかわってきた人を中心に、哲学、倫理学、人類学、あるいは語学に関係する人たちであった。

それぞれの立場、来歴によって医療や福祉についての考え方が異なるのは当然である。

医療と福祉の関連性についても、さまざまに見解は分かれた。

医療と福祉は密接な関係にあるとの理解に大きなズレはないものの、「医療福祉」のとらえ方の幅は広かった。

学長の江草安彦は、川崎祐宣に呼ばれた。

「江草くん、教員の諸君が医療福祉についていろんなことを言っている、けしからんぞ」

江草はこう答えた。

「先生、このような状態は『百家争鳴』であり、私はよいことだと思います。みんなが沈黙してしまうと、むしろ問題だと思います。医療の出身の人、福祉の出身の人のほかに、理系・文系出身で、従来、医療にも福祉にも関係のない人が集まって、短期間に同じことを言うとすれば、かえって危険です。少々時間をいただければ議論が熟して『多様性の一致』の状態になると思います。先生、しばらく時間をいただきたい」

川崎祐宣が発したのは、ひとことだった。

「よくわかった。君に任せる」

江草は四〇年余の歳月を川崎祐宣のもとですごした。

「お元気でいらっしゃったあいだで四〇年。月に一度お目にかかって、ゆっくり話ができなかったという月はなかった。そういたしますと、私はだいたい五〇〇回くらいお目にかかっております」

江草はこれだけの機会、川﨑祐宣と話をするときに、「まったく無防備」で話をしたと振り返る。

機嫌のよくないときもあったし、時にはむっとすることもある。あるいは不信感をもっているのではないかと思うこともなくはなかったと言うが、そのときに言った。

「先生、昔から人は信頼されているならばその人のために死ぬるそうでありますけれど、私は信頼されていない人が人のために死んだというのを聞いたことがない。『葉隠』という本のなかに書いてある。『士は己を知る者のために死す』と。先生は私を知っていただいているんでしょうね」

川﨑祐宣は、このときもひとことだった。

「知っているよ」

江草がまったく無防備で川﨑祐宣に向き合い、ときとして『葉隠』の一節をもって問うたのは、自分はけっして裏切らないという揺るぎのない思いがあったからだ。それを江草は「信頼関係にあったと言えば私の立場からすると言いすぎでございますけれど」として、「ちゃんとそれでわかっていただいた。心に響き合うということはとてもすばらしいことだと思いました」と語る。

川崎祐宣のことば

「教育は、最も金を要する贅沢な仕事である。しかし新しい世代の担い手を養成するために、軽視することのできない大切な仕事でもある。私どもは医人をつくるという仕事を、その子弟を育まれた父兄より任されているのであるから、これほど人生に有意義な働き甲斐のあることは他にあるまい。私は建学の理念を胸にし、川崎医科大学の教育を今後ますます改善する努力を続けたいと思う」

第四章

医療福祉に取り組んだ人生

一九九一（平成３）年四月、川崎医療福祉大学が開学した。医療福祉学部と医療技術学部の二学部（六学科）が設けられた。

医療と福祉の融合「医療福祉」に取り組んだ川崎祐宣の思想が結実した、日本ではじめての大学であった。

やればできる才能があっても、医療に関係のないことはやらない。

八〇代も後半になってからの川﨑祐宣は、車を降りるとき、必ずドアに手をかけていた。そうしてゆっくりと降り立つと、さながら背伸びをしたような格好になる。身長は一七〇センチ以上。大柄だったせいもあって、存在を誇示するかのような趣があった。

目が合うと、うなずく。そしてニコっとして手を上げる。笑顔がいい人で、「あの調子で選挙に出たら絶対に勝ちますよ」と江草安彦は断言する。

周囲はこれを「参道効果」と称した。

神社に参拝するとき歩む参道だ。入口にある鳥居をくぐり、左右に灯籠がある杉木立のなかを進むと、また鳥居があって、それをくぐってようやく玉砂利のシャリシャリと鳴る本殿前に着く。着いたときには厳かな気持ちになっている。

川﨑祐宣がこの「参道効果」を考えていたかどうかはわからないが、迎える者は、車を降り立つ様子を見守るうちに、敬意を高めた。

川﨑祐宣はカリスマ性に富んでいた。といって、偉そうにするわけではない。自分が知っていることを相手が言っても、絶対に「知っている」とは言わなかった。最後までじっと相手の話を聞く。相手に恥ずかしい思いはさせない。知ったかぶりもしない。

職場には、部下の発言を聞いて、「そんなことはわかっている」と返す上司がいるが、そういうことは口にしない人であった。

人を選ぶのもうまかった。先生しかり、友人しかり。それに弟子選びも。

いい弟子をもち、いい友人をもち、いい師をもっているから、支える人が多かった。

「人をその気にさせる男です」と江草は言う。

職員に気さくに声をかけるときは、あらかじめ職員についての情報を確認しておく手帳を役立てていたが、それとは別にもうひとつ手帳をもっていた。

病院や福祉施設など、自分の傘下にある施設の事業収支を書いたものだ。

「うまくいっています」というような報告には耳を貸さない。

報告には、事実を求める。抽象的な話ではなく、具体的な報告を求めた。

江草は、そういう川﨑祐宣が求めるところを汲んで、前年比あるいは前月比で増えたか減ったかの数字をノートに整理しておき、「先生、時間のあるときに見ておいてください」とだけ言いおいて、秘書に預けて帰るようにしていた。すると川﨑祐宣は、そのノートを必ず読んでいたという。

「経営者として抜群の才能がありました。川﨑先生は、流通小売業をやれば大手チェーンを築いたでしょうし、交通関係の仕事であれば鉄道をはじめとする大グループをつくったでしょう。ただのやり手ではない。高度の政治家であり、高度の教育者です。万能選手です」

そのうえで江草は言う。

「けれど、先生のもっとエライところは、なんでもやらなかったことです」

やればできる才能がありながら、やらなかったことを評価する。

医療と福祉に関すること以外はやらない。福祉でも、医療に直接関係ないことはやらない。

川﨑祐宣自身は、「自分は、自分自身の医業を通じて得た果実でもって事業を拡大してきたのであって、けっして株とか証券などには手は出さなかった」としばしば語っていた。

「これはむずかしいことです。自分の専門分野以外に手を出さないということは、じつにむずかしい。そこがすばらしいのです」

江草は、そう感心する。

人に愛されることが、経営者の才能である。

川崎祐宣は、医者であるとともに、経営者としての才もあった。

公衆衛生活動に積極的に取り組み、癌研究所をつくって癌の初期検診を行ない、また結核検診も徹底して行なった。

検診して、「ちょっとおかしい」と精密検査を必要とするとき、「どこで検査をすればいいでしょう」と聞かれても、「川崎病院」とは言わなかった。

多くの医者は、こういう場合、自分の病院名を挙げるのだが、「しっかりした病院で検査を受けてください」と答えるだけ。

「しっかりした病院」は、赤十字病院、労災病院、済生会病院などなどたくさんある。けれど、出口にいる看護師はそのやりとりを知らない。

「しっかりした病院で精密検査をするように言われたのですが」

「川崎病院なら、水曜日と金曜日ですよ」

ごく自然にこう案内する。

かなりの患者増につながった。

川崎病院は、警察医もしていた。

警察医というのは、交通事故などが起こったとき、いちばんに駆けつけて処置をしたり、診断書を書いたりする医者だ。だから交通事故にあった人のほとんどは川崎病院に担ぎ込まれた。

担ぎ込むのは、タクシー。そのころ救急車はいまほどなかった。

川崎病院の総婦長は心得たもので、タバコを二箱か三箱、タクシー運転手のポケットに入れる。すると、タクシー運転手のあいだで、「川崎病院は、行ったらタバコをくれる」と広まって、さらに患者が増える。

タバコで買収しようとしたわけではない。「ご苦労さま」という気持ちからの対応だ。

「しっかりした病院」での検査を勧めるのも、計算づくのことではない。

純真が人を惹きつけた。

川崎祐宣は、「いい世の中をつくるために何かをしよう」というとき、資金の手当てなど条件が整うのを待って乗り出すというような道の選び方はしなかった。「世の中に必要なものであれば、自ずとカネは集まる」として果断に突き進む。そしてまた、資金が必要なら、実際に集める自信と才覚をもっていた。

たとえば……。

岡山に天満屋という百貨店がある。かつて天満屋の社長が結婚するとき、仲人は住友銀行の頭取だった。

天満屋から賓客として結婚式に招待された川崎祐宣は、持ち前のサービス精神を発揮し仲人席にいる頭取のところに行って、酒を注ぐ。たちまち徳利談義になった。

「川崎さん、私は備前焼が大好きです。ただ、一級の備前焼はなかなか手に入らない」

「私がご案内しますから、岡山にいらっしゃい」

備前焼最上級の作家は、一家をあげて川崎病院がかかりつけの病院である。川崎祐宣の案内となれば、快く迎えてくれる。

「頭取さん、気に入ったのはどれですか?」

頭取の願いが叶う。

事あるときに融資の相談に乗ってもらえる下地が、こうしてできていった。

それは計算づくのものではなく、どこかで通じ合う人間性があってのことだ。

川崎祐宣は、いざというとき、すぐに手を上げてくれる人に恵まれていた。

人に愛されるのが経営に不可欠の才という面から見れば、愛される言動を直観的にとる、その才に恵まれていたのだった。

人生を変えるような人との出会いがあった。

「この九〇年の歳月のなかで、自分の人生を変えるような三つの大きな出会いがあった」

一九九四（平成6）年に川崎祐宣の卒寿（九〇歳）を祝う会が催されたとき、川崎祐宣は友人と師についてこのように語った。

「その一つは、中学時代の同級生、赤塚尚友くんだ」

赤塚尚友は旧制第七高等学校造士館に川崎祐宣よりも一年先に入学している。その年、川崎祐宣は合格通知をもらえなかった。

赤塚は七高の授業後、川崎祐宣の下宿にきて勉強を見てくれた。「ここは七高の入試によく出る問題だ」。適切なアドバイスとともに励ましてくれた。

そのおかげで翌年の春には見事合格を果たすことができたのだと振り返った。生涯を通じての親友であった。

「二つめは、伯父の永田安愛《やすちか》である」

永田安愛は医者。七高時代の夏休みには、伯父の家に長逗留するのが常であった川﨑祐宣は、そのたびに医学の話を聞かされた。急病人と聞けば、夜中でも馬や自転車に乗って患者さんのもとに駆けつける姿を見た。これをきっかけに医者を志すことになったのだという。

「三つめは、私の一生を左右したとも思う、岡山医大の津田誠次先生だ」

先にも書いたとおり、津田誠次は鹿児島市出身であり、一九三一（昭和6）年、川﨑祐宣は岡山医科大学卒業時にこの郷里の先輩宅を訪ね、将来の身の振り方について教示を受けたことから、岡山医科大学で副手、助手として外科の臨床経験を積むことになった。そしてその経験をもって一九三六（昭和11）年から岡山市立市民病院外科医長になったのだった。

「津田誠次先生のおかげで、ついに郷里の鹿児島に帰ることもなく、岡山の地で今日を迎えるに至った」と感謝の念をこめて語った。

このほかに、岡山医科大学では、のちの岡山県知事三木行治との出会いもあった。三木は岡山医科大学出身で川﨑祐宣の二級先輩にあたる。在学中から、先輩として友人として親しくしていた。

三木は岡山簡易保険健康相談所の所長を務めていたころ、貧しい患者さんがくると、「市民病院の川﨑先生のところに行きなさい」と名指しで紹介していた。

患者さんが言うに、「あなたの病気は、もう川﨑先生しかよう治さんだろう。川﨑さんのところに行って切ってもらいなさい」と紹介状をもたされたとのこと。それがたび重なるので、「三木さん、あんたはどういうわけで僕を褒めるのか」と尋ねると、三木はこう言った。

「川﨑くん、大学病院などを勧めても、あそこは（治療費が）高かろうが。患者の懐具合はよくないんだから、そんなところで治療を受けるのは本人のためにならない。それに君を褒めたら患者さんがそれだけ信頼するじゃないか」

こういうやりとりが交わせる仲だった。また、患者さんの境遇を汲んだ適切な対応のできる同士だった。

その後、三木は岡山を離れて厚生省に入り、一九四八（昭和23）年に公衆衛生局長になった。そして一九五一（昭和26）年四月、岡山県知事選挙に出馬し県知事になった。知事選でも川﨑祐宣は三木を厚く支援した。

「人は目標がなければ成長しないものだ。そこで君が目標とすべき人を示そう。君が目標とするのは私ではない。私が最も尊敬している三木行治こそが君が目標とすべき人だ」

川﨑祐宣は、江草安彦に、このように語ったという。

人は、あこがれ、目標にする存在がいてこそ、自分を磨くようになる。だからいい目標をもつべきであると、説いたのだった。

世の中を変えるには、まず自分が変わらなければならない。

江草安彦は総合商社の役員も務めている。このごろ、会議で役員連と顔を合わせたときに相談を受けるのは、たいてい親の介護問題だという。

ＮＨＫがテレビ番組で「高齢者問題をどうするか」というテーマを取り上げたとき、その総合商社の事情が紹介された。

総合商社の転勤先は、ほとんどが海外になる。

かつては、「急でわるいけど、ナイジェリアへ行ってくれないか」と言われれば、「わかりました。いつ出発しましょう」「来週頼む」「はい」というやりとりですんだ。

ところがいまは、顔を曇らせるケースが半分くらいあるという。

「母親はもう亡くなりました。残った父親が老人施設に入っているものですから」といった事情からだ。本人は毎週、一人で東京から父親の面会に郷里まで帰る。奥さんは奥さんで自分の実家の親の世話をしなければならない状況にある。

テレビの画面には、父親に着替えをさせる幹部社員の姿が映し出されていた。

「美しいといえば美しいけれど、なんと深刻なことか」と江草はつぶやく。

機動性、国際性という総合商社の基本的なファンクションが損なわれてしまう。これに「どう対応すべきか？」というのが役員間の大きな悩みだ。

川﨑祐宣だったら、この問題にどのように取り組んだだろう。

川﨑祐宣は、世の中のさまざまな問題について、「まずは自分が変わらなければいけない」という意識が強かった。

よそがどうあろうと、自分はこうする、自分はそうはしない……。

昭和三〇年代のはじめ、国際児童福祉研究会議が東京で開催されたとき、日本代表として出席した江草は、隣席に座るインドの首相とつぎのようなやりとりをした。

「あなたがやっている仕事はどういうものですか」と尋ねられたので、川崎病院のことを話した。

「すばらしい、それはナショナル・ホスピタル（国立病院）ですか」

「いや、違う」

「ローカルガバメント・ホスピタル（県立病院）か」

「いや、それも違う。プライベート（私立）だ」

「プライベート！　どんな大金持ちか。なんという財閥家か。行ってみたい」

「いや、見るほどのものはない」

川崎病院は、当時、木造二階建てだった。

「我々の病院は、国立でも公立でもなく、人民立です。みんなが必要としているから、みんなの手でつくったのです」

「どうやってその資金が集まるのですか」

「一〇〇〇万円を一人が寄付するよりも、一円を寄付する人が一〇〇〇万人いる、そのほうが意味深い。それが私の考えです」

江草は、「ものごとの解決は社会的に行なわれるべきだ」とする。

「一病院や一大学がするものではない。政治的な問題も含めて、社会構造を変えなければ、やれることには限界がある」という考えだ。

川崎祐宣は、それを理解しながらも、「人に金を出してもらいたくはない。自分で働いて一〇〇〇万円をつくりたい」とする人だった。

その思いから川崎グループがつくられたのである。

追いかけて「よろしく頼むよ」と頭を下げる。

江草安彦の記憶に、こういう光景が残っている。

江草は芸能分野の人とも親しいことから、童謡歌手の小鳩くるみを呼んで、岡山で童謡の会を開催しようと思い立った。旭川荘に、おしめを畳むなどしにきてくれる多数のボランティアの婦人たちを招待して、喜んでもらおうと。

川﨑祐宣に、その企画を得々と述べ、「ついては先生、開会の挨拶をお願いしたい」と言うと、ふだんは江草の提案に二つ返事なのに、このときはうなずかない。

「どうしていけないのですか」と聞くと、こう答えた。

「ボランティアというのは自分の興味で、好きでやっていることじゃないか。それにお礼をしようというのはおかしい。ボランティア活動の機会を与えているのはこちらで、こちらが礼を言ってもらってしかるべきだ」

なにか勘違いをしたか、ちょっと気が短くなっていたのだろうと江草は受け取った。やっていいともいけないとも言わないし、自分は行くとも行かないとも言わない。

江草は「また改めて参ります」とその日は帰った。

数日経って、同じことを言ったら、川崎祐宣はまた同じことを返す。

江草は「先生のお話はわかりましたが、私はやることに決めておりますのでやらせていただきます。失礼します」と、入口のドアを音高く閉め、長い廊下を足早にエレベーターに向かった。

ふっと振り返ると、川崎祐宣がついてきていた。

エレベーターが開いて、江草が乗ると、川崎祐宣は丁寧にお辞儀をして言った。

「江草くん、よろしく頼むよ」

童謡の会には川崎祐宣は顔を見せなかった。後日、「よかったね」とも言わない。

実のならない木を植えても無駄だ。

川﨑祐宣の趣味は、魚釣りとゴルフ。実用一点張りである。文学書の類の本は読まない、短歌も俳句も詠まない。

ゴルフを始めたのは六〇歳くらいから。健康にいいからとクラブを握るようになった。

そのころからラジオ体操もやるようになった。

木を植えるのでも、川﨑祐宣はこう言っていた。

「実のならない木は植えるな。ミカンだとか、カキだとか、リンゴだとか、そういうものを植えなさい。実のならない木を植えても無駄だ」

川崎祐宣の自宅敷地は山の一部を切り拓いて造成したもので、二〇〇〇坪くらいある。庭には大きな池がある。江草安彦が初めて川崎邸を訪問したとき、ちょうど座敷の前にある池には、「縁日の夜店で、一匹一〇円くらいで売られているような、ほんとうに小さな鯉が泳いでいました」と言う。

「先生、これはちょっと小さすぎるのではないですか」

「江草くん、そう言うけれどね、これも一〇年経ったらこんなになるよ」

実際、川崎祐宣が手を広げたように大きくなった。いまは見事に成長した緋鯉、真鯉が泳いでいる。

飼い犬についても、実用を重んじた。

ちなみに川崎祐宣の家は、岡山県下にあった古い農家を買い取り、ばらしてもってきて組み立てたものだ。「この家を気に入った」と。新しい古いは関係ない。いいものはいいという川崎祐宣らしい自宅造りだった。

その家をぐるりと囲う塀の内側四隅に犬小屋がある。それぞれ住まいをあてがわれた犬はいずれも雑種である。

夜は、いちばん気の弱い一頭を放す。

「その犬がキャンキャン鳴いたら、ほかの犬も一斉に鳴き出す」

これが川﨑祐宣の理屈だ。

もちろん愛玩の対象でもあったのだろうが、番犬としての適材適所も見ていたのだった。

「うちの主人はああいうことばかりするけれど、結局、餌をやるなど世話をするのは全部私ですから敵わないですよ」

奥方はほほえましい愚痴をこぼしていたが、具体的な人なのである。人に育てられるのではなく、人の真似をするのでもなく、自分の理でものごとを判断し、自分で自分をつくり上げていく。そういうタイプの人であった。

江草は、「ラジオ体操をやらんか」と勧められたが、「やらなくても十分、健康です」と答えてやらなかったという。

ゴルフも江草はしない。

「キャディーさん、いまは男の人もいるようですが、かつてはたいがい女の人だったでしょ。私は母の手ひとつで育ちましたから、自分の母親のような人にバッグを担がせるようなことはとてもできない。ですから私はしません」

「それはそうだけれど」と、川崎はしきりに勧めたが、江草は話に乗らない。

江草は行こうと思えばウィークデーに行ける。

「手続きをとって休暇にすればいいのですから。だけど、自分の同僚が診療活動をやっているのに、それはできない」

すると、「日曜日があるじゃないか」となる。江草はキリスト教信者だから、日曜日は教会に行かなければならない。「ゴルフより教会です」となる。

「江草くん、結局、酒を飲むこととゴルフだけは、いくら勧めても、あなたはダメだったな」と川崎祐宣は笑ったそうである。

自分の趣味を人に押しつけるようなことはなかった。

職員はみな、家族の一員である。

川崎祐宣は、時代や状況の変化によって変節する人間は信じなかった。

それは人間の本質というものを見ていたからだろう。

有力な教授がいた。経緯があって川崎学園を辞め、よそに行った。四、五年してこの人は再び帰ってきた。学園にとって必要な人間ではあった。裏切ったわけでもない。しかしこの人は、病院長あるいは学長にはならなかった。

江草安彦も同様の姿勢を貫く。

江草がこれまで苦しい思いをした局面のひとつは、昭和四〇年代半ば、労働組合ができたときだった。

団体交渉になると、組合側には背景に控える組織が全国から応援にくる。前に座っているのが何者かわからないくらいだった。

そのときに、ともに交渉を貫いてくれた人間は信頼する。けれど、あとになって「あいつら、けしからん」などと言う人間は信用しない。そういう人間がいれば、江草は公然と言う。

「そのとき、どちらに向かってものを言ったか、どちら側に座っていたか。記憶しているのは僕くらいしかいないかな」

川﨑祐宣も、変節する人間には信頼を寄せなかった。

その代わり、ついてくる人間にはあたたかく接した。

川﨑祐宣は、よく中国に行った。

一九五六（昭和31）年、中日友好協会の中国科学者代表団長であった郭沫若《かくまつじゃく》の招待で、岡山県初の訪中団の副団長として中国各地を視察したのがきっかけだった。郭沫若は、医師であり文学者であり、日本と深いかかわりをもつ人物だった。

中国視察によって、集団農場に関心をもつようになり、それが旭川荘のあり方にも反映されるのだが、それはともかく、視察旅行に出向くたびにみやげをたくさん買い込む。

櫛、タオル、財布などを主任や看護師に。部長には紅茶茶碗やコーヒーカップ。二〇〇〜三〇〇人へのみやげを用意するから、行くときは小さなスーツケースひとつだった荷物が、帰りには大きなトランクになるのが常だった。

旅先で「これはあの婦長に。これはあの医者に」と選ぶのをたのしんでいた。そして渡した相手が喜ぶのをうれしがっていた。

大家族主義者であった。

看護師の誕生日には、本を贈ることもあった。

「ただ、不思議なことに、上のほうの人にはしないのです。現業の人を対象にされていました。私は川崎先生にものをもらった覚えはないです、まったく。私が先生に差し上げたほうが多い」

こう語る江草は、「ぐい呑」をよくプレゼントしていたという。

デンマークに行けば、デンマークのガラス製品でぐい呑に使えそうなものを選ぶ。スコットランドに行けばスコットランドの、フランスではフランスのそれらしいものを探す。

それをもって、帰朝報告に行く。

「帰ってきたか。元気でよかったな」

「先生、気に入られるかわかりませんが、例のぐい呑です」

「いや、ありがとう」と受け取って、気に入った証に川崎祐宣はガラス戸の棚に並べるのだった。

いまも、それらは同じところにずらりと置いてある。息子も孫も、その品々を川崎祐宣が並べたとおりにしているのだという。

一度得た恩義はけっして忘れない。

川崎祐宣は、岡山医科大学を卒業後、大学の外科教室に入った。当時は医学教室勤務の給料ではなかなか生活できなかったため、アルバイトが許された。そこで市民病院に勤めた。江草安彦は言う。

「先生は、おそらくお姉さんたちのために送金されていたでしょう。生活は相当苦しかったと思います」

川崎祐宣には、大学で教授になるとか、大病院の院長になるつもりはなく、市井の医者として生きようと思っていた。そこで外科川崎病院を開業したのだった。

ところが戦争で、病院は消失した。

終戦時は、海軍の軍医として岡山にあった軍の工場で診療所長のようなことをしていた。

終戦後は、昼間は市民病院に勤め、医院は夜だけ開業する。そういう生活を二～三年続けた。

そののち、現在の川崎病院がある場所に木造二階建ての、川崎病院をつくった。岡山にいまもある大本組という建築会社が、「川崎さん、あなたがやりたいならおやりなさい。お金はあなたが払えるときに払えばよろしい」と出世払いで建ててくれた。

取組みは雪だるま式に次から次へと大きくなっていくが、資金のほとんどは出世払いだ。川崎祐宣という人への信頼が後援者を増やしていった。

それにしても、大きな資金がなければ総合病院など建てられない。そういうときも、地元の中国銀行の頭取が信用してくれていて、「できるだけのことはしますから」と出世払いで協力してくれた。

川崎医科大学をつくるときも、縁あって知り合った協栄生命という保険会社の社長が川崎祐宣に惚れ込んで、資金のおよそ三分の一を拠出してくれた。

住友（当時）銀行の頭取も、「この人間の言うことならまちがいない」と、三分の一を出してくれた。

残りの三分の一は、中国銀行が融資してくれた。

協栄生命はその後なくなったが当時の社長の写真と、住友銀行の頭取の写真は、ずっと川崎祐宣の応接室に掲げられていた。

川崎学園ができて四〇数年を経たいまも、川崎学園内に設置されているＡＴＭは、中国銀行のものだけである。

川崎祐宣は、一度恩義を感じたらけっして忘れない人であった。川崎祐宣が信用された理由は、そういうところにあった。

「卒寿の祝い」で祝福に応える

人の哀しみや喜びを知って、こまやかに対応する。

川崎祐宣は、褒め方がうまかった。

やっつけるときは徹底的にやっつける。本当にやっつけたいときは、見放す。とやかく言わなくなったら、もう終わりということを意味していた。

目をかけているから叱る。けれど、人前でガミガミ言われたら、本人はガックリくる。たまに、そういうことがあった。

すると、川崎祐宣は必ずその日のうちに叱った本人を自室に呼ぶ。

「君が一生懸命やっているのは、ワシも知らないわけではない。しかし国家試験の成績が、君が担当していながらあの成績では、人前で叱らなければ秩序が保てない。

だから言っただけだ。けれど日ごろの君の努力を思い出すと、むごい仕打ちだった」

叱られた者は、これでコロッと立ち直る。

そこで秘書を呼び、「例のものを」と、備前焼をもってこさせる。

「この花瓶を、おみやげに奥さんにもって帰ってくれ。よければバラの一輪でも挿してくれないか。君、体によく気をつけて頑張ってくれよ」

江草安彦は、つぎのような思い出を語る。

「仮に私がまちがったことを言ったとしても、川﨑先生は人の前でその意見は違うと、私を屈させないのです」

人前では、褒めことばを口にする。

「旭川荘は江草くんがいたからできた。江草くんがいなかったら、旭川荘は夢のまた夢で終わったかもしれない」

人の哀しみや喜びを知っていて、それにこまやかに対応した。

「人の前でこう言われたら、言われた本人は、そこまで思ってくれているのか、頑張らなきゃと思いますよ」

江草の夫人は、二三年前、川崎病院で亡くなった。癌であった。

川崎祐宣は、夫人をともなってたびたび病室を見舞った。そうして江草に向かって言う。

「江草くん、つらいのう。どうしてあなたみたいに人に奉仕する仕事をしている人の奥さんが……。家内からもあなたの奥さんのことは、あんなにできのいい奥さんは見たことがないと聞いている。それなのに……。なぜ善人がこんなに苦しまなければならないのか。あなたはキリスト教徒だが、神も仏もないものかと思うよ」

こう言って、夫人とともに廊下で泣くのだった。

亡くなったときは、夫人とともにいちばんに駆けつけてきた。

「どこまでも味方になってくださる。そんな人はなかなかいないです。人情は紙より薄いと言いますが、川崎先生の人情はケント紙よりも厚かったですね」

川崎祐宣が涙する姿を目にした当時の看護師が、いまも川崎病院に二人いる。

叙勲に臨む晴れの日の川崎祐宣夫妻

川崎祐宣は二人といない最良の師である。

車を降りるとき、江草安彦は必ず「ありがとう、ご苦労さん」と運転手に声をかける。運転手は、この職に就いた二四、五年前を振り返って、「はじめはすごく違和感がありました」と言う。公用車の運転手として当然のことをしただけなのに、なぜ「ありがとう」「ご苦労さん」と言われるのか。不思議に思ったそうだ。

川崎祐宣がそうだった。車で出かけて食事時になったからといって、自分だけ店に入るようなことはしない。

どうしても一緒できない場合は運転手に「これで適当なところで食べてきてくれ。私はちょっと会合があるから」と、食事代を渡していた。

こまやかな気配りがあった。

江草はよほどのことがない限り、夕方六時を過ぎたら運転手は使わない。

「運転手の子どもさんたちは、いまはもう高校を卒業していますが、小学生や中学生のときに、お父さんが夕ごはんの場にいないのはよくないでしょう。だから六時までに車庫に帰れないようなときは、タクシーを使うようにしているのです」

次期運転手希望者がかなりいるそうだが、一〇年、二〇年と連れ添った人間を、そうたやすく替えることなどできない。

これも川崎祐宣イズムの伝承だ。

秘書は秘書で、暑いときの来客には冷たいおしぼりと冷えた飲み物を出す。そういう行動が習慣になっているのが川崎グループだという。

誰かに教えられてしたのではないと江草は言う。

「川崎先生に、かくあるべきというようなことを言われたことはいっさいありません。こちらも尋ねもしない。けれど、川崎先生だったらこういうときにどうするだろうかと立ち止まって考え判断をすることはしばしばです」

かつて田中角栄の子分格であった鹿児島出身の二階堂進が言ったことばを江草は引き合いに出す。

「田中角栄は私の恩師です。私の師匠です。同時に私の趣味です……そう言ったそうです。私にとって川崎先生は、趣味とまではいかないけれど、割合それに近いような。尊敬するにふさわしい人です。そういう先生、あるいは上司を何人もつかというのが、その人の幸不幸の分かれ目かと。川崎先生との出会いがあって今日の私がある。もし川崎先生がいなくて、ほかに似たような人がいたら話は別ですが、まず、いないでしょう」

現在の川崎医療福祉大学

人生には限りがある。だが、大きな目標を追い続ける限り、終わりはない。

川﨑祐宣は、折に触れ、江草安彦にこう説いた。

「人生には限りがある。だが、大きな目標を追い続ける限り、終わりはない。一日一日を丁寧に送りなさい。その結果は、期して待つべきだよ」

江草安彦は、その教えを踏まえて言う。

「医師も職員も労働者には違いありません。けれど、人は誰かに支配されるために働くのではない。自分が理想とする社会をつくるために働くのです。ですから、その職業を通じてどんな生き方をするのかが問われるのです」

現代社会は多様で複雑なだけに、精神疾患にかかる人が増えている。そういう人たちにかかわる者が、自分の生き方に疑問を抱いていてはならない。

「生きがい探しをするような人では困ります」

江草はこう言うが、臨床心理学を学ぶ学生に入学動機を聞くと、「私は気が小さくて、人前に出てものをいうのが苦手です。臨床心理を勉強すれば、それが克服できるかと思って」という答えが返ってくることがある。

あるいは精神科の教授は、いまは薬物療法が盛んだと言い、たとえばタバコをやめたい人には、薬を出して禁煙を促す。

「タバコをやめたいなら、なにも薬をもらわなくても、やめる気があればいくらでもやめられるでしょう」というと、「先生の時代とは違います」と答える。

結局は、人間が弱くなってしまったのではないかと江草は見る。

川﨑祐宣はヘビースモーカーであったが、あるとき、ぷっつりとタバコをやめた。健康のために禁煙したのではない。

願いが叶うように、お茶や酒を断つ習わしがあるが、大願の成就に向けて好きなタバコを断ったのである。

「私はいま六〇歳です。普通の人だと、もう引退をするとか、隠居をするとかいうときに、私はこれから大仕事をしようと思う。吉備高原に障害者の方たちの五万人都市をつくろうと思う。その夢の実現のためには、どうしてもそこで働く人たちの養成がいると思うので、大学をつくることを考えている」

こう言って昭和四四年、一日に四〇本も六〇本も吸っていたタバコを口にしなくなったのだった。

そういう意志の強さがあった。

すぐれた医者というのは、自分の生き方というものをもって動く。人の言うことを聞いて動くものではない。

川﨑祐宣は釣りやゴルフを趣味とした

鹿児島の「郷中教育」が川﨑祐宣をつくった。

川﨑祐宣という人物が形成された原点は、鹿児島にある。鹿児島の農村で育ったことが、大きく影響していると見られる。

鹿児島では「郷」という地域ごとに「少年団」のような塾があって、男子は六、七歳になると、そのなかに放り込まれて育つ。一五歳以上の年長者が、六、七〜一五歳の子を鍛える仕組みだ。明治の揺籃期に活躍した薩摩の人たちも、そういうなかで育った。

「郷中（ごじゅう）教育」という鹿児島特有の教育である。

子どもたちの精神的支柱となるのは、薩摩藩主島津家の先祖である島津忠良公がつくった「いろは歌」四七首である。鹿児島の青少年教育の規範とされていたこの歌を、子どもたちは毎朝唱和した。

嘘はつかない、目上の者には必ず挨拶をする……きわめて現実的で具体的な教えであるが、根底にあるのは「知行合一」で知られる陽明学である。

つんつるてんの着物に袴姿、腰に木刀をさし、行き来するなかで、子どもたちはすれ違う先輩に敬礼をする。礼儀を守らなければいけない、辛抱しなければいけない、先輩のためにがまんをしなければいけないと習う。

そういうなかで育ったことが、川崎祐宣を、「私の哲学はこうだ」といったことは言わない人にした。人にものを教えるのも、手取り足取りではなく、「おれを見ればわかるだろう」というやり方になる。

哲学がないわけではない。「川崎哲学」はある。ただし、「ソクラテスがどう言った」「アリストテレスがどう言った」というようなことは、いっさい言わなかった。文学作品について語るということもない。

ただ、川崎祐宣はいつも先を見ている人であったから、旧制高等学校の学生に多く見られた哲学者の誰か――たとえば和辻哲郎――に傾倒するようなことはなく、友人や先生との人間関係のなかで自分の哲学をつくっていたと見るべきだろう。

哲学者の考えにも周囲の学生の動向にもさして関心はない。そういった学問や本への関心は薄く、自らの体験と実践によって形成されたのだった。

その体験は何かといえば、江草安彦はこうとらえている。川崎祐宣の生涯は、「医者らしい医者を探すドラマ」ではなかったろうか……。

加治木中学時代の川﨑祐宣

川﨑祐宣のことば

「医療と福祉のサービスは総合的かつ統合的に提供されるべきである」

「本学の特徴は、真の豊かさを実感できる福祉社会の実現をめざして、教師と学生が一体となって学び合い研究しようというものである。それだけに先駆的であり実験的であり開拓的なもので、国民が等しく求めているものだといえるであろう。第二の特徴は、すべての学科が実用の学であるということ。第三の特徴は、医療福祉・ヘルスサイエンスの総合大学であり、ユニヴァシティであること。総合大学は学問が多面的・重層的であり、相互に刺戟と協力し、より向上をめざして創造する可能性をもつものである」

【参考資料】

鹿児島に生まれ育った川崎祐宣の思想・人格は、「島津いろは歌」に大きな影響を受けて形成された。医療、福祉、教育にかける思いの原点ともなった。

その思想・人格が色濃く投影されているのが、川崎医科大学の「建学の理念と教育の基本方針」および旭川荘の「設立趣意書」である。

島津のいろは歌

島津家中興の祖であり、「薩摩の聖君」といわれる島津忠良《ただよし》（一四九二年＝明応元年生まれ、号は日新斉《じっしんさい》）が、五年余の歳月をかけ完成させたとされる四七首の歌。薩摩藩の士道教育の教典となった。

い　いにしへの道を聞きても唱へても　わが行ひにせずばかひなし
ろ　楼の上もはにふの小屋も住む人の　心にこそはたかきいやしき
は　はかなくも明日の命をたのむかな　今日も今日もと学びをばせで
に　似たるこそ友としよけれ交らば　われにます人おとなしき人
ほ　ほとけ神他にましまさず人よりも　心に恥ぢよ天地よく知る
へ　下手ぞとて我とゆるすな稽古だに　つもらばちりも山と言の葉
と　科ありて人を斬るとも軽くすな　いかす刀もただ一つなり
ち　知恵能は身につきぬれど荷にならず　人はおもんじはづるものなり

り　理も法も立たぬ世ぞとてひきやすき　心の駒の行くにまかすな

ぬ　ぬす人はよそより入ると思うかや　耳目の門に戸ざしよくせよ

る　流通すと貴人や君が物語り　はじめて聞ける顔もちぞよき

を　小車のわが悪業にひかれてや　つとむる道をうしと見るらん

わ　私を捨てて君にし向はねば　うらみも起り述懐もあり

か　学文はあしたの潮のひるまにも　なみのよるこそなほしずかなれ

よ　善きあしき人の上にて身を磨け　友はかがみとなるものぞかし

た　種となる心の水にまかせずば　道より外に名も流れまじ

れ　礼するは人にするかは人をまた　さぐるは人をさぐるものかは

そ　そしるにもふたつあるべし大方は　主人のためになるものと知れ

つ　つらしとて恨みかへすな我れ人に　報ひ報ひてはてしなき世ぞ

ね　ねがはずば隔てもあらじいつはりの　世にまことある伊勢の神垣

な　名を今に残しおきける人も人　心も心何かおとらん

ら　楽も苦も時すぎぬれば跡もなし　世に残る名をただ思ふべし

む　昔より道ならずしておごる身の　天のせめにしあはざるはなし

う　憂かりける今の身こそは先の世と　おもへばいまぞ後の世ならん

ゐ　亥にふして寅には起くとゆふ露の　身をいたづらにあらせじがため

の　のがるまじ所をかねて思ひきれ　時に到りて涼しかるべし

お　思ほへず違ふものなり身の上の　欲をはなれて義を守れひと

く　苦しくとすぐ道を行け九曲折の　末は鞍馬のさかさまの世ぞ

や　やはらぐと怒るをいはば弓と筆　鳥にふたつのつばさとを知れ

ま　万能も一心とあり事ふるに　身ばし頼むな思案堪忍

け　賢不肖もちひ捨つると言ふ人も　必ずならば殊勝なるべし

ふ　無勢とて敵をあなどることなかれ　多勢を見ても恐るべからず

こ　心こそ軍する身の命なれ　そろゆれば生き揃はねば死す

え　回向には我と人とを隔つなよ　看経はよししてもせずとも

て　敵となる人こそはわが師匠ぞと　おもひかへして身をもたしなめ

あ　あきらけき目も呉竹のこの世より　迷はばいかに後のやみぢは

さ　酒も水流れも酒となるぞかし　ただ情あれ君がことの葉

き　聞くことも又見ることも心がら　皆まよひなりみな悟りなり

ゆ　弓を得て失ふことも大将の　心一つの手をばはなれず

め　めぐりては我が身にこそは事へけれ　先祖のまつり忠孝の道

み　道にただ身をば捨てむと思ひとれ　かならず天のたすけあるべし

し　舌だにも歯のこはきをば知るものを　人は心のなからましやは

ゑ　酔へる世をさましもやらでさかづきに　無明の酒をかさぬるは憂し

ひ　ひとり身をあはれと思え物ごとに　民にはゆるすこころあるべし

も　もろもろの国や所の政道は　人に先づよく教へ習はせ

せ　善に移り過れるをば改めよ　義不義は生れつかぬものなり

す　少しきを足れりとも知れ満ちぬれば　月もほどなき十六夜のそら

【川崎医科大学建学の理念と教育の基本方針】

松島の地に医学の塔を

川崎医科大学は建学の理念として、
一．人間《ひと》をつくる
二．体をつくる
三．医学をきわめる
の三本柱を立てている。
よき医師であるためには、常識を備え、良心的で温かみがあり、信頼される人でなければならない。そのためには、徳育が第一に重視されるべきである。医師は患者に親切で、忠実で、犠牲的であることが強く要望されている。

また、それをなし得るだけの体力を備えることを要する。自分自身が柔弱では、患者に充分な奉仕をするゆとりがない。それが二の体育の必要な所以である。

しかし、これらの二つの条件だけを満足させても、よき医師とはなり得ない。病気に悩んでいる人々に健康を回復させ、また、病気をしないで健康を長く享受できるようにするための医学的知識と技術を身につけることの必要性は言うまでもないことである。

口さきと身振りがどのように親切であっても、日進月歩の医学的知識と技術の持ち主でなければ、患者や社会に感謝される医師ではない。ここに三の医学の智育および実技の教育の重要性が強調されるのである。

「人間（ひと）をつくる」「体をつくる」「医学をきわめる」の三大目標達成のために、私は、次に記すような新しい制度を取り入れることによって、医学教育の基本方針を定め、これまでの医学教育をできるだけ改善合理化し、教育の効果を向上させることをはかっている。

1. 附属高校を配置する

我が国の教育が、大学への受験勉強でゆがめられていることは周知の事実である。一生の間で、人格形成を左右する大切な年齢層は高校時代であろう。この年頃に、唯々、大学の入学試験に合格することのみを目標にして、受験科目だけに集中した勉強のために心身を損ない、いびつな知識を持った青年が出現しつつあるのは悲しむべきである。医師になるためには、片寄らない均整のとれた心身が必要である。

そこで、この欠点を排除しようと、本学園は、倉敷市外にある快適で閑静な環境の中で、よき教育者の指導のもとに、少人数のクラスをもって校舎に接する四つの寮で、三カ年起居を共にしつつ勉学させている。それと共に、スポーツによって身体を鍛錬し、体力を向上させ、スポーツ精神を身につけさせることにした。

この学校の定員は、医科大学のそれの半分（五〇名で二クラス編成）である。医科大学に進む際には、他の一般高校からの受験生と一緒にして、平等に選抜される。本年、第一回の卒業生を送り出したが、その九〇％以上が大学に合格し、現に大学内でよい成績を修めている。

2. 医学進学過程と専門過程を区別せず、6年間を一貫させて医学教育を行う

医学進学過程（二年）から専門課程（四年）への移行は、最近、医学教育の重要課題とされているが、川崎医科大学では、両者が相互に理解しあって融合し、いわゆる専門課程の教育を能率化するのに成功した。これによって、五年生と六年生を通じて臨床医学の実施（bedside teaching）を学生に修練させ得る基盤をつくることができたのは、喜ばしいことである。

3. 二年間の寮生活を義務づける

これは、他の大学には見られない著しい特色である。一年生及び二年生を生坂の寮に収容し、同級生、先輩及び教師と二四時間接触させ、人間関係を円滑にすること、他人に迷惑をかけないようにして、自分の意図を遂行すること、また、広大な体育施設を利用して、スポーツによる心身の鍛錬をはかることなど、大学教育を通じて、一生涯のよい友人を持たせたいという願いもあって、大学の二年間全寮制を実施しているのである。

これについては批判するむきもあろうが、これまでのところ、所期の教育効果をあげている。本学において授業を怠けて韜晦する者が少ないのも、全寮制のよい効果の一つであろう。これを支えている職員の苦労を忘れてはならない。三年生より上級の学生は、自宅あるいは下宿から通学している。

4. 新しい効果的な教育技術の導入

川崎医科大学では、教育こそ大学の最も大きな目的であると考え、数次にわたって視察団を欧米に派遣し、視察をさせた。

その結果、松島地区の校舎棟に視聴覚教育センターを設け、カラーテレビによる実習及び講義を学生に施し成果をあげている。その施設は、先進国のレベルを抜くもので、これが将来、大々的に使用されるようになった暁には、医学教育の改革をもたらすのであろうと信じている。

5. 部（division）により教室を運営する

医学教育の識者によれば、講座を中心にした臨床医学の教育はすでに歴史的使命を果たし、今日では、均整のとれた医学教育をはばもうとする、好ましくない傾向を生み、その改善が望まれているという。

川崎医科大学では、専門と他の専門との間に隔壁を設けず、相互に助け合うことを目標にし、専門家のグループを単位にして部をつくり、部を集めて一つの共通目的に勢ぞろいさせて教室を編成することにした。

例えば、内科学教室では、循環器・消化器・血液・呼吸器・神経・腎臓・内分泌及び臨床検査などの部が寄り集まり、各々専門とする学問を、卒前及び卒後の学生に教育し研究を行う。診療については、専門の患者を扱うのはもちろん、場合によっては、共同して一般的な内科の患者をみることによって一体に融合し、いわゆる専門のこと以外には無関心であるというような欠点を除こうと努力している。

この制度の完成によって、初めて医科大学の学生及び若い医師は、均整のとれた医学の知識及び技術を身につけることができ、患者は真の専門家のもとで（時には一人の患者が数人の専門家の手によって）治療を受けることができる。

部では、教授一、助教授一、講師数名のスタッフに数名のレジデントを加えて、専門の教育・診療・研究を行うのを原則としている。教室を統轄する責任者が主任（chairman）である。

6．臨床医学の卒後教育のためにレジデント制を敷く

これは川崎医科大学の卒業生を有能な医師に養成するために設けた制度である。数年の養成課程（それは専門医制度が確立されている臨床部門では、その修練期間を採用し、それに一致させることにしている）のうち、最初の二年間をジュニア、それ以上のコースをシニアと呼ぶ。

ジュニア・コースでは、自己が希望し、教室の主任によって承認された部を一定のスケジ

ュールに従って次々に巡回して、臨床修練を受けることができる。

ジュニア・コースを終了した者は、シニア・レジデントになるが、これは自分の希望する部に定着し、その専門の診療及び研究に従事すると共に、部分的に医科大学の学生及びジュニア・レジデントの教育を助けることにより、自らの修練を促進する。

これからの臨床家は、すぐれた診療の技能を有すると同時に、何らかの分野で開発的な研究を行う能力を備え、他の者を教育し得るだけの経験を持っていないと、有能だということができない。

シニア・レジデントは、やがて医科大学のスタッフになり、その教育に参画してもらいたいと思って設けた修練コースである。

7. 研究センターの設置

教員は、つねにその専門領域の研究を怠らず、研究を通じて学界に貢献する。それは医科大学の卒前・卒後の学生に刺激を与え、学問愛好の気風を作興する原動力にもなる。そのために、川崎医科大学内に巨大なスペースをさいて、大型で高級な器械設備を持った研究センターを設置した。

8. 研究プロジェクト

各部（division）に研究室を持たせ、教員の各々に応分の研究費を支給しているが、これは、どこまでも教育に新風を吹き込む程度の、いわゆるパイロット研究の域に留まるものである。

これでは専門を異にする者が幾人か集まって、力を合わせて立派な研究をするのには不十分であるから、研究計画書を提出させて、その内容を審査して研究費を支給するところのプロジェクト研究の構想が、本年から実施されることになった。研究室及び研究センターが整備されれば、本学における研究が活況を呈し、それだけ教育に対する熱意も向上するものと期待している。

9. コ・メディカルコース（川崎医療短期大学）

松島地区において、医科大学に近接して昭和四八年四月に川崎医療短期大学を開設した。将来の医療は、医師団のみがよく背負い得るものではない。医学の進歩につれて、医師団に協力して活躍してくれる専門家、すなわち有能な看護師・臨床検査技師・放射線技師・理学療法士などの働きに、いよいよ大きく依存するようになった。

医療短大の学生は、その構内にある施設で基本的教育を受けると共に、医科大学病院を附属修練病院として医療の実際を見聞し、そこで実地訓練を受けられることになっている。

この医療短大は、施設と教育環境について、我が国で最も恵まれているものの一つだと私は自負している。

川崎医療短期大学は、現在、(一)看護科、(二)臨床検査科、(三)放射線技術科、(四)介護福祉科、(五)医療保育科が設置され、入学定員三七〇名である。将来は、コ・メディカルの職種の総合短期大学にすることを目指している。

(一九七三=昭和48年一〇月、川崎医科大学校舎棟落成に際し川崎祐宣が寄稿した『落成記念誌』より)

【学校法人川崎学園の構成組織】

「学校法人川崎学園」は、つぎの大学、大学附属病院、附属高等学校で構成されている。

■川崎医科大学（大学院、医学部）

■川崎医科大学附属病院

■川崎医療福祉大学（大学院、医療福祉学部・医療技術学部・医療福祉マネジメント学部）

■川崎医療短期大学

■川崎医科大学附属高等学校

また、つぎの関係施設がある。

■専門学校川崎リハビリテーション学院（「学校法人九曜学園」）

■川崎医科大学附属川崎病院（「財団法人川崎医学振興財団」）

■社会福祉法人旭川荘

【旭川荘設立趣意書】

財団法人川崎病院はその寄附行為第二条の目的及び第三条の事業に規定されている諸事業の一部として総合的な社会福祉事業を別記の如き企画に於いて行わんとす。近代社会福祉事業の特長は公的扶助の性格が濃化したことにあるが、その反面被扶養者の取扱いに於いて愛情の欠け易い欠点があり、また時々刻々に変化する時代と社会の要求に応じ切れないうらみがある。かような欠陥をともなっているにもかかわらず時代の切実を要求により公的社会福祉事業は終戦後国家責任感の成長と共に発達して来たが、それには自ら限度のあることが判明した。

一方個人の恣意による私的社会福祉事業も益々発展して来た。公的社会福祉施設の欠陥を補うため私的社会福祉事業を更に発展させる必要があるが、その基本的立場は昔流の慈善博愛の事業ではなく社会共同責任観念の自覚と発達に促されたところの、いわば公的性格を持った私的事業でなくてはならない。

現在公的福祉施設は限られた階層の救済に主力を注がれているが、それのみでは我が国民の福祉は決して解決されないし、また社会福祉事業は救貧事業ではなく社会全体のために行われるべきと考えるが故に、地域社会が要求する諸問題を鋭敏に感知しそれを認識し、社会的使命を自覚する立場から、本事業の基本的方向を決定して出発させたいのである。

而して社会福祉事業の発展は社会の民度（文化）の高さに比例するが故に民度が高くなれば認識する問題は多くなる。

それに答え解決する力を与える責任が私共にありとの使命感に生きる同志が茲に相謀り多方面の社会的協力を得て新しい総合的社会福祉事業を実現させせんと開拓者的計画を夢みている。此の意味に於いて私共は開拓者であり、精神的であり、能率的であり、従って模範的であり得る確信を持つものである。

元来人間は不平等に生まれて来ているし、何日何時不幸に見舞われるかも判らず、又は個人の欠点及び其の責任に於いて招来しない文明の生む不幸もある。文化程度が高くなると今迄平気でいたことが不幸に感じられて来るが、之等の問題の認識に立って問題や要求の解決に当りたいため或は全部が全部社会事業法に合致せずともこれは私共の良心的手腕によりて現今社会にある不安と冷遇の問題を発見し、現行の社会福祉事業の不備不足の発見とその拡充対策を計画したい念願である。

敢言せば私共は現行社会福祉事業の発展充実策を実践しようとして広く関係者の協力を得て本県に於ける問題が調査され測定されて真に解決される必要が明らかにされて企画立案され従前の如き直感や漠然たる要望や思いつき等による部分部分の成果だけで考えられた欠点を改めて全体社会としての「必要」を常に基準として、それをより多く充足しようという意図と努力を以て総合的に、計画的に、相互連係協力して、組織的科学的専門的な方途を以て最も能率的に、効果的に本県に於ける社会福祉の問題を解決するために必要な社会資源を動員活用したいのであり、私共の取組んでいる問題とその対策を広く一般人士に理解し支援して欲しい悲願を立て、未だ我国に其の類を見ざる総合的社会福祉事業を建設せんとするものである。本事業は左記の如く社会福祉法入組織の準備中であるが、その認可を得る迄、先づ財団法人川崎病院の事業の一部として発足するものである。

記

一、名　　称　　旭　川　荘（仮称）
二、組　　織　　社会福祉法人（設立準備中）
三、所　在　地　　岡山市祇園地先旭川筋（面積約六九、五〇七・九四坪）
四、代表者氏名　　川﨑祐宣
五、事業計画
1．児童福祉に関する奉仕活動
2．老人福祉に関する奉仕活動
3．保健衛生に関する施設の建設
4．青少年のリクリエーションに関する奉仕活動
5．立体農場の建設
6．其の他必要と思われる福祉活動
六、資金造成の方法

1. 財団法人川崎病院よりの寄附金

2. 一般よりの寄附金

七、事業開始予定年月日

昭和廿九年　月　日

八、事業完成予定年月日

昭和卅九年　月　日

この総合社会福祉事業施設の構想は下記の通りである。

即ちこの総合施設の配置を決定し年次計画を樹立して緩急度に於いて考慮し、必要度の高きものより漸次結実させる。

1. 事務局

事務局は諸施設の中心をなし、放送設備、講堂、中央娯楽室、図書室、浴場、売店、ガレージ、中央炊事場、洗濯場等総合的な設備を包含する。

2. 中央診療室

中央診療室には各科の診療部門を設け、特に整形外科、小児結核科、老人科の三科は設備を完備し専門医を常勤させ、専門医学の研究と診療に当る。

3．田園都市建設

この地域の都市計画は各施設の性格を考慮して基本的総合的目標を立てる。全地域を農園、牧場、果樹園、花園、運動場、緑地帯、養魚池等に配分して高度の立体農場を試みる。

各施設の建設〈位置〉は、それぞれの性格を考慮して別図のように配置して各施設間は道路網を完備する。

これらの総合計画はそれぞれの専門家に依頼して能率的、美的且つ愛情に充ちた建設計画を立てる。例えば道路建設に当っても街路樹の如きも、クルミ、ペカン、栗、桃、蜜柑等を植えて「クルミ通り」「ペカン通り」などと呼称する。

4．肢体不自由児施設

児童憲章第十一条に「すべての児童は身体が不自由な場合又は精神の機能が不充分な場合に適切な治療と教育と保護が与えられる。」とあるのに身体が弱く特に先天的又は外傷、切断、カリエス、関節炎、小児麻痺等後天的原因のため肢体が不自由であり、日常の動作に支障のある児童の現在の取扱いはどうか。彼等に発言権も発言力もないだけに全く放任状態である。（昭和二八年七月分社会福祉統計月報二七頁）肢体不自由児施設は我国に於いて一〇ヶ所あり岡山県にはない。而も我国に於いて肢体不自由児の総数は六八、〇四七人（昭和二六年度県衛生部母子衛生係調査岡山県で二、六六一人）で収容保護を必要とする児童は、八、〇六七名（社会福祉読本六三頁）で前期の月報によれば収容児童は全国でわずか、四七九名にすぎない。

肢体不自由児も適切な整形外科的治療を受ければ平常な児童となり得るものが数多くいる。彼等に対して日進月歩の医術を施すのは私共の聖き義務である。

故に前述の医療機関に直結した肢体不自由児を入所させる施設を起し、彼等の日常生活の指導、医療及び職業補導又は之等の児童のうち学校教育法第二十三条の規定により、就学を免除または猶予された者に対する学習指導等を併せ行い機能訓練を施し、児童福祉法の最低基準に準拠した設備をなして機能の回復を計って職業能力を授与し、治療しながら普通義務教育の課題を修得させ、ひがみや劣等感を一掃して適性を伸展し、将来独立自活の出来る人間に育成したい。なお、附属機関として、肢体不自由児養育相談所も設置す。

其の他肢体不自由児養育思想の普及や、肢体不自由児に関する調査研究―肢体不自由児療養指導者及び関係者の養成訓練もしたい。

5．小児結核患者収容施設並びに身体虚弱児施設

身体虚弱児や患者に願わしい環境と適正な医療を与えてその健康の快復や増進を計るを以て目的とす。又ＴＢの家庭幼児を早期に入所せしめてプリベントリュウム的使命を果す。我国に於ける小児結核専門のサナトリウムは数箇所にすぎないが、虚弱児施設は一五県にあり、収容児童数、八二三名（前記月報）である。小児のためのサナトリウムの必要なことは明らかに緊急である。保健タイムス昭和二九年三月二三日号によると（二二頁）乳幼児ツ氏反応陽性者一六三％で予防措置が緊急であるが、要医療は乳幼児の一％ツ反応陽性者に対する要医療の率は全年層中最も高く七・五％で感染即発病の危険がある。乳幼児の結核死亡率は高いし入院を要する者全国で三万人、之は要医療の二一％、学童はＢＣＧの普及でツ反応陽性率は最高で全結核有病者は四一万人学童の二％、うち要医療が二四万人学童の一・二％もある。而も入院を要する患者は約五万人（青少年のツ反応陽性率は七〇％に固定し患者は一二七万人で青少年の五・七％、要医療八七万人要入院四〇万人）。此の調査の結果新事態が明るみに

出たし対策に当然修正を要し、小児結核の早期発見早期治療の必要が痛感されるのに本県下にこの施設がない故私共は此の模範的なサナトリウムを建てる。なお、この施設に於いても肢体不自由児と同様教育的に必要なる措置は遺憾なく設備され篤志教師による義務教育の完成は期されている。

6. 精神薄弱児収容施設の治療教育院

先天的な原因により、又は生後比較的に早い時期に脳の障害をうけたために精神的機能の発育が停滞している不幸な児童は多い。(一般に児童一〇〇人につき、二・五%の率を占めている。)

私共は格別に医学の立場から精神薄弱児の医療のために、精神病院に類した病床をもち、優生保護対策として遺伝性の精神薄弱者に対する優生手術の実施や、母子衛生対策をなす。

他面早期発見、早期治療の適切な対策の強化を計り、彼等の大多数は適切な保護のもとに教育と医療の機会さえ与えられれば、十分其の能力を発揮し、将来社会の一員として自活する事は必ずしも不可能なことではない。現在我国の精神薄弱児は八〇万人と推定(一九五四年厚生省版児童の福祉四三頁)、そのうち施設に入所させる必要のある児童の推定数は三四、七〇〇人で、而もこの大部分の福祉の保障は、従来極めて限られた少数で、不遇な環境に置かれている。このことは、ただに本人のみならず国家社会にとっても大きな不幸なことであるので、私共は強力に治療教育院の如きものを創設し、科学的に、技術的に、特殊教育をしたいのである。

7. 保育所

児童憲章にもあるように、すべての児童は、家庭で正しい愛情と、知識と、技術をもって育てられることが最も望ましいことであるが、現在の如き社会的、経済的な条件の下に於いては、生計を維持するために夫婦共稼ぎをしなければならぬ家庭の数も著しく多く、之等の家庭の児童は、一般家庭の児童に比べて十分な保護養育をうけられない状態におかれている。

又保護者の疾病のため、或はその環境が適切でない等のために、保育に欠ける児童の数も少くないのである。之等保育に欠ける児童（特に私共は日雇労務者を対象として計画しているが）の福祉を計るために、日々之等の保護者の委託をうけて、乳幼児を保育所バスが迎えに行き（公共職業安定所か、その集合職場へ）、保護者に代って保育することを目的とする。

又或る児童は両親の依頼によれば週間は施設内に収容し、週末にバスで両親の下にそれぞれの家庭へ帰えし、土、日曜日はその家族と生活させる週間保育所の如きも経営したい。この敷地内には保育所建設の理想に叶う環境の適地がある。

8. 老人ホーム

敗戦後家族制度の変革があり、社会保障制度の要望により養老事業の必要性が急激に認められた昭和二六年末我国に於いて公営一三一、私営九七、計二二八施設の養老院があるが其の後の建設も公営が増加している。社会事業法に於いて養老院を「老衰のため独立して日常生活を営むことの出来ない要保護者を収容して生活扶助を行うことを目的とする。」とあるが公的扶助の施設は公営でさせ私共の必要としているこの老人ホームは俗称有料養老院である。勿論附設で社会事業法による養老院も経営したいのだが私共先ず公的扶助を受けられない中産階級以上の老人のために有料養老院を建設したい。

現在我国の養老院の大多数は医療の恩恵を拒否している昔ながらの老人ホームで老人に必要な栄養を補給し老人病のため次第に心身共に衰弱してゆく墓場への雨宿的生活というのが現在の養老院の実状である。私共の老人ホームは老人に必要な栄養を補給し老人病の治療をなし環境の調整、信仰、趣味等を通して親和性を増し若返えさすがために適宜の作業として牧畜、漁業、果樹農業等を営ましめ家庭の幸福の再延長たらしむべき雰囲気を生ぜしめる。斯くて敬うだけでなく愛する心もて老人の福祉を図る。

有料ホームは我国に二箇所しかないが私共は此の施設に於ける誇れる特性として次の性格を持たせる。即ち老人には完全なる健康者は少い。私共は所謂「老人病」専門の医療設備を完備した医療機関を前述の通り中心街にもち老人の保健を図るのである。現在県下には斯の如き精神的、肉体的に著しい欠陥があるため平常な生活を自ら弁ずることの出来ない人々が多数収容されながら彼等のために適切な医療設備は絶無である。これは老人の生存権の侵害であり、老人の虐待である。

なお、特記したいことは貧乏線以下の人達のみが養老院がもてるのではなく、広く一般人のためにも斯の如き老人ホームが開設され老人の福祉を完うしたいことである。

9. 青少年のためのリクリエーションセンター

清澄な空気あり、水あり池あり、川あり、森あり、山あり、キャンプサイトとしては絶好の適地県下に斯の如く条件の具備した土地は少ない。此処に宿泊設備をなし都塵に汚れた青少年を清浄に自然の生活に返えしてやりたい。歌うによし、読書するによし、登山するによし、泳ぐによし、瞑想するによく、友と語るによし。青少年の心身の健全な保護育成、不良化の未然防止のために、斯る施設の一つ位い岡山市にあってもよい。

なお、之は一般市民にも解放し許されるならば、此の広大な地域の一区を画して大した資力なき市民にも持てるバンガロー式の（当方で設計し建築する一定型式のもの）別荘を池の畔、森の傍らに持てるようにしたいものである。天満屋よりバスで二〇分自転車で三〇分で到着される。この別天地は市民のよき憩いの地域となる。

10. アフターケアの施設

結核患者のために、軽快した人達を収容して附属の農園、果樹園、養魚池等を利用して軽作業に従事させ、或は職業補導を行い実社会に復帰するまでの緩衝地帯としたい。又昼間は職場に通い夕方から翌朝まではサナトリウムのベットの如き（或は気胸気腹等もし）役割を果す寄宿舎か寮式の謂わば「夜だけのサナトリウム」でこの種の施設がないために普通のサナトリウムのベットの廻転率は悪いし、病気より一足飛びに社会復帰を急いだために再発病する人の多きは事実である。ＴＢ治療の画龍點晴であるし、焦眉の急を要する施設である。

11．立体農業の建設

生活改善の一つの試みとして又諸施設の食生活の自給自足の資源として立体農業をやりたい。牧場として養家鴨場、養魚場、養鶏場から乳や肉や卵や蜜を、果樹園と農園からは新鮮な果物と野菜を供給して栄養補給の完璧を期したい。そしてクルミやペカンの実る果樹の下に山羊やホルスタイン、豚が遊び肥え、乳と蜜の流れる理想郷で恵まれぬ小児や長い人生に疲れ果てた老人達が喜びと希望と感謝に充ちた生活を送ることが出来たらどんなに人生は幸福であろうか。

発起人（アイウエオ順）

岡山商工会議所会頭　伊原木伍朗
大本組社長　大本百松
財団法人川崎病院理事長　川崎祐宣
医師　河原省平
医師　神崎保正
黒住教管長　黒住宗和

岡山大学医学部教授　児玉俊夫
岡山博愛会々長　更井良夫
岡山大学々長　清水多栄
岡山大学医学部教授　高原滋夫
山陽放送社長　谷口久吉
岡山大学医学部附属病院長　津田誠次
岡山市教育委員医師　西村伊勢松
岡山大学医学部教授　濱本英次
医師　本城明朗
医師　前田秀雄
岡山大学医学部教授　村上栄
中国銀行頭取　守分十
岡山大学医学部教授　山岡憲二
弁護士　安井源吾
オリオン社長　分島年

川崎祐宣が拓いた道は果てしなく続く

あとがき

人は誰しも自分を導き育ててくれた人をもつ。尊敬し、あるいは模倣を重ねながら、接する人びとに育てられる。それは親、家族、友人。はたまた幼稚園、小学校、中学校、高等学校、大学の先生たち。職場の同僚、上司……。こうした人びとから影響を受けて育つ。

私は川﨑祐宣先生に、「人として、医者として、あるいは経営者として、教育者として、いかにあるべきか」ということの多くを学んだ。

川﨑先生は類まれなる才能の持ち主だと私は思っている。医者としても、教育者としても、さらには社会福祉事業家としてもすぐれておられた。

しかも、ただそれだけかといえばそうではなく、おそらく知的作業をともなう職業であれば、いかなる職業に就いておられたとしても成果を上げられたことであろう。けれども川崎先生は異業、つまり医者がやるべき仕事を離れたところで仕事を発展させようとは、けっしてなさらなかった。それは、「長いようで短いのが人生だ。あまり右を向いたり左を向いたり、右顧左眄《うこさべん》するのはよくない」と思われたからではないか。

川崎先生は昭和医院、外科川崎病院という小さな病院を総合病院にされ、やがてつぎつぎといまの川崎グループを構成する機関をつくり上げていかれたが、そこにもやはり先生特有のセオリーがあった。

自分の考えていることを徹底させるということである。

川崎先生は「医療に従事するものは、高い水準の診療を行なわなければならないが、患者さんは医師に豊かな人間的な接触も求めているのだから、同時に、人間を磨かなくてはならない」としばしば言われ、あるいはまた、「医療というものは財をなすために行なうのではなく、医療によって金銭上の余裕ができれば社会や患者に還元すべきであろう」とおっしゃっていた。

川崎先生は絶えずこのように考えておられ、それを現実のものとされてきたのである。

「真の豊かさを実感できる福祉社会」

これが川崎祐宣先生のめざされた社会である。その実現のための具体的な取組みが、川崎病院であり、川崎医科大学であり、旭川荘であったわけだ。

そして、これらの取組みを血の通うものにするためには、よき教師と学生とが一体となって学び合うことが必要であるとして人材育成に努められたのだった。

人を育てることを大切にされた川崎先生は、「人間《ひと》をつくる」にはなにより「徳育」が大事であり、「自分が病弱では患者に十分な奉仕ができない」から「体をつくる」

ことを重視され、さらに日進月歩の医学の知識をもって、はじめて患者や社会に貢献できるとして「医学をきわめる」ことを謳われた。これはすなわち、医者は常に「最先端」でなくともよいが、「一流の医者」でなくてはならない、そう考えられたということであろう。

いろいろな経過はあったけれど、川崎医科大学は川崎医療短期大学、そして川崎リハビリテーション学院を相次いでつくっていった。そして先生が八七歳のときに、ついに川崎医療福祉大学を開設することになったのだった。

私は弟子として、先生が社会福祉サービスを考えられたのは正解であったととらえているのだが、しかし、「研究をともなう医科大学をやりたい」とおっしゃったときは、手がける幅がいささか広がりすぎるのではないかと危惧した。

けれど先生はこうおっしゃった。

「大きな病院を一〇や二〇、全国につくるよりも、毎年毎年いい医者が一〇〇人ずつ卒業する医科大学をつくったほうが日本にとってプラスではないか。人生は限られたもの。限られた人生でできる最大の効果を考えたら、大学がいいと私は思っているのです」

じつに冷静に、大局的にものを考えておられた。

旭川荘について先生は、たびたび「三粒の種子を蒔いた」とおっしゃっていた。それはいまも旭川荘にある、肢体不自由児施設の「旭川療育園」、知的障害児施設の「旭川学園」、乳児施設の「旭川乳児院」の三つのことだ。そして「三粒の種子は自分が蒔いたが、それ以後は君たちがこれに水をやり、肥料をやり、育ててくれたらいい」とおっしゃったのだった。

現在は、それらの施設が八八か所（二〇一四＝平成26年四月一日現在）に発展している。その種子を蒔いた川崎先生は、その後のことはご自分の思想、理念を理解してくれる人によって継承され、発展されると確信しておられたようだ。現に、そうなっている。

先生が旭川荘をおつくりになったのは、先生が五三歳のときであった。

先生が五三歳のときに私は何歳だったかと考えてみると、先生は私より二二歳年長だから、当時の私は三〇歳をすこし越えたばかりだった。

やがて私が五三歳になったときのこと。先生からお呼びがあって参上すると、「江草くん、君は何歳か？」と聞かれる。「五三歳です」とお答えしたところ、当時、ソビエト連邦のトップがやはり五〇数歳だったことを先生は取り上げられ、「江草くん、君と同じ歳の人が、国のリーダーである。君の歳になったら、リーダーであってもよくはないだろうか。そこで提案したい。自分は今日をもって理事長を辞めたい。なぜなら君はもう当然、人の指図を受けずにやれる年齢になっているのだから」と、そうおっしゃってくださったのだった。

こうした経過があって、私は六〇歳になったときだが、旭川荘の理事長に就任した。

先生は「自分が旭川荘理事長になったのは五三歳のときだ」とはおっしゃらなかっ

たが、おそらくはご自分が理事長になられた五三歳という年齢を意識しておられたのだろうと思う。

ただし私は、現在の状況が旭川荘のたどり着くべき終着点だとはまったく考えていない。「道、終わりなし」である。そのときそのときの時代が求めることに対して、どのように対応するか。それは、その時代の旭川荘のリーダーたちが時代の動きを読み、考えるべきことではないかと思う。

私は、いまや八八歳。偶然といえば偶然だが、川崎先生の最後のお仕事の歳になったわけだ。

先生は八七歳のときに川崎医療福祉大学を開学され、その五年後、つまり先生が九二歳のときに大学院が設立され、それから数年を経ずして大学院から卒業生が出て行ったのだが、残念ながら卒業生が活躍する場を見ていただくことはできなかった。

私がいま自分の歳と、川崎先生が川崎医療福祉大学を設立されたときの年齢を考えてみて、これから何ができるか、考えなければいけないことが多いのだが、いまの自分の年齢に、単なる偶然とはいえないようなものを感じている次第だ。

私事になるが、私はじつにたくさんのよき先輩、よき先生に恵まれている。たとえばその一人が甲斐太郎先生である。川崎先生とほぼ同じ年齢の、外科の医者。甲斐先生は岡山大学の第一外科出身、川崎先生は第二外科出身、ライバルだったかもしれない。

甲斐先生は広島市立市民病院の院長であった。私は広島市民病院に一年間勤務したが、甲斐先生から秘書役を命じられ、毎週木曜日になると病院長室へ行って、先生とともに昼飯を食べ、いろいろ教えてもらったものだ。先生が講演をされるときは、必ずお供をさせてもらった。

甲斐先生と川崎先生は、思えばよく似ていた。甲斐先生は柔道六段かで、川崎先生は剣道四段か五段くらい。体も大きい、肝っ玉も大きい。能力も高い。そして教えてくださったことも、よく似ていたのだった。

また、私が小児科教室というところにいたときは、京都大学出身の医者、藤原先生に教わった。

医者としてすぐれているだけでなく、なにをやってもよくできる人で、しかも威張らない、人をかばう。人間として偉い人だった。

藤原先生とは七、八歳しか違わなかったが、当時ははるか雲の上の人だと思っていた。

そういう先生たちに「医者とはかくあるべき」ということを教えてもらったのだった。

中学校の先生も超一流だった。

中学校二年生のときのことだ。

当時は陸軍幼年学校というのがあった。仙台、東京、名古屋、大阪、広島、熊本と六つあって、ひとつの学校に一〇〇人ずつくらい生徒がいる。旧制中学と同じだ。そこに入れば陸軍の将校生徒になり、給料がもらえる。待遇は下士官。町を歩けば、たかだか一二、一三歳の者が、行き交う人たちから敬礼される立場になるのだ。

私はそれに志願しようと、職員室に願書をいただきに行った。すると私の受け持ちの先生が、「江草くん、君はお父さんを早くに失ったね。お母さんが一人で育てておられるのだろう」とおっしゃる。

私の父親は、私が小学生一年生のときに亡くなっている。

「江草くん、死に急ぐことはない」

陸軍からも海軍からも、この中学校から何人くらい将校の学校に入学させなさいという割り当てがきていただろうと思う。学校内がそういう話題で騒然としていた。

普通であれば、「よく志願した」と言われるところだ。それなのに「死に急ぐな」と大きな声でおっしゃった。

職員室には軍事教練のために陸軍からきている将校の先生が何人かいた。聞こえたら大変なこと。すぐに憲兵が駆けつけるはずだ。

興奮のあまり本心を口にされ、すぐに「あっ」と思われたのか、先生は「君、しっかり勉強しなさい。いずれお国のお役に立つ日がくる。キョロキョロしないでしっかり勉強することだ」と言って、背中を押すように叩いて私を職員室から出したのだった。

「君は母親の手ひとつで育ったことを忘れてはならない。死に急ぐな」

そう言われたときの先生の目には涙があった。

そして川崎祐宣先生とのご縁である。

かれこれ半世紀以上も前、私が岡山大医学部小児科学教室にいた当時、先生のご自宅にうかがった。自分の生涯を決めるだろうと思わずにはいられないほど魅力的な人だった。

「考えていることを話してみろ」と言われたので、生意気にも「自然科学で治療法が解明されていない難病患者に対して、処置なしですと言うのは、現代医学の敗北を意味するのではないかと考えています」と申し上げたのだった。

川﨑先生は、そのときの医療技術で治療できなくても、「だめです」と言って終わりにすることはできない人だった。旭川荘の設立も、そうしたやむにやまれぬ気持ちからだったのである。

当時、別々のものとして扱われていた医療サービスと生活支援サービスを一体化し、実践しようとされたのも先生だ。

医療福祉は限りなく進歩するもので、組織的に実行すべきだと言い始めたのも先生だった。

川﨑先生の教え方は、常に実践的だった。

そのときどきの出来事について、「僕ならば、こんなふうに理解する」「僕ならば、こんなふうに対応していく」と、具体的に示された。「孔子は論語のなかでこう言っている」「カール・ヤスパースはこのようなことばを使った」というような言い方ではない。解説するのではなく、直截に説かれる。あるいは態度で教えるというものだった。

川崎医療福祉大学の開校準備を進めていたころ、私は川崎先生に学長就任を要請された。旭川荘の仕事もあるから無理だと思ったのだが、先生は「医科大に附属病院があるように、医療福祉大には旭川荘がなくてはならない」と強調され、「天国に行くのも地獄に行くのもいっしょ。よいことは君の手柄だ。悪いことは自分が責任をもつ」とおっしゃったのだった。

このひとことで決心がついた。心底人を信用する人なのだ。

こうした先生の思想と実践を集約すると、「川崎イズム」とでもいうものになるだろう。

私が旭川荘をやっているのも、「川崎イズム」の実践にほかならない。いい世の中をつくるために、その手段として旭川荘をやっているのであって、旭川荘の発展のためではないのだ。

本書を読まれた皆様がそれぞれに「川﨑イズム」を吸収くださって、自らのありようを考えていただければ、これにまさる喜びはない。

「自分にとって川﨑祐宣とはなにか」と考えていただきたい。合わせて「自分にとって、人間とは、命とは、なにか」ということも考えていただきたいと願っている。

最後に、本書の刊行にあたり、関係の皆様にお礼のことばを述べたい。

私の恩師川﨑祐宣先生への思いはこれまでいろんな形で書いてきたが、そのまとめをしておきたい。そして川﨑イズムをより多くの人々に理解してもらいたい……という思いを、畏友、日本医療企画代表取締役社長林諄氏が受け止めて下さり、このような形で刊行することができた。林社長に心からの感謝をしたい。また本書をおまとめいただいた同社編集顧問の中山秀樹氏、関西支社長の吉本泰峰氏の両氏の格別なご尽力にお礼のことばもない。ありがとうございました。

私の人生は多くの人々に支えられ、導かれた。したがって今日の私が感謝を述べるべき人びとはじつに多い。そのなかの三人をここで紹介する。

一人目は川﨑祐宣先生である。私の人生観、医療観は、先生に大きな影響を与えられた。先生には「君の目標とする人は私ではなく三木行治君だ」と、先生と岡山県知事だった三木氏との関係を考えても重大なことばをいただいた。そのうえ川﨑先生は、「自分の人生を君にかけているよ。しっかり頼むよ」と何度もおっしゃった。弟子たるものそれに過ぎることばはないし、私が人生の目標とするのは当然であろう。

二人目は板野美佐子さんだ。医療福祉の現場、教育、研究に六〇年余を過ごした私は多くの人びとに接し、ご援助をいただいたが、そのなかで一人を選べば板野さんである。公私にわたって私と家族を理解し、あらゆる面で支えてくれた。気がつけば私は人生を終わろうとしている。ひたすら感謝と言うほかない。

三人目は亡き妻、江草純子である。彼女は旭川荘の設立準備中から私が医療福祉について話すことに耳を傾けるだけでなく、一九五五（昭和30）年より二〜三年前のことであったが、広島の知的障害児施設六方学園にも同行した。このとき純子は音楽を専攻していた。

旭川荘発足以来、家族は荘内で生活をしていた。さまざまな困難が発生し、弱気となる日がないわけではなかった。

愚痴を口にする私に、純子は口数少なく、「人に求められるならば旭川荘に医師のような人も必要ではないか。あなたがその必要な医師の一人だと私は思っています」と言ってくれた。

このような人びとに、本書刊行にあたって心から感謝する。

二〇一五年三月吉日

江草安彦

【監修者プロフィール】

江草安彦（えぐさ やすひこ）

一九二六年岡山県生まれ。岡山医科大学医学専門学校（現岡山大学医学部）卒業、医学博士。社会福祉法人旭川荘名誉理事長、川崎医療福祉大学名誉学長。

岡山大学医学部小児科学教室勤務後、一九五七年より総合医療福祉施設旭川荘の創設に参画。社会福祉法人旭川荘理事長、川崎医療福祉大学学長を経て現職。

中央児童福祉審議会委員長、中央障害者施策推進協議会会長を歴任。

著書に『医療福祉への道』『高齢化時代の医療福祉』（ともに山陽新聞社）、『重い障害児と生きる』（ぶどう社）、『ゆずり葉のこころ』（中央法規出版）など。二〇〇六年瑞宝重光章受章、二〇〇九年人民友誼貢献賞受賞（中国政府）。

果てしなく続く医療福祉の道

川﨑祐宣の思想に学ぶ

2015年3月29日　初版第1刷発行

監　修　江草安彦

発行者　林　諄

発行所　株式会社日本医療企画

〒101-0033　東京都千代田区神田岩本町4-14　神田平成ビル

TEL 03（3256）2861（代表）

FAX 03（3256）2865

http://www.jmp.co.jp

印　刷　大日本印刷株式会社

構成 中山秀樹（株式会社HRS総合研究所）　DTP 山田聖士（山響堂pro.）　校正 新谷有紀子

ISBN978-4-86439-316-4　C3037

（定価はカバーに表示しています）